『十二五』国家重点出版物出版规划项目

◎全国革命遗址普查成果丛书

中共中央党史研究室组织

【总第20卷】

广东省革命遗址通览

茂名市

【第21册】

QUAN GUO GE MING YI ZHI PU CHA

中共广东省委党史研究室 中共茂名市委党史研究室 编

中共党史出版社
广东人民出版社

图书在版编目（CIP）数据

广东省革命遗址通览．茂名市／中共广东省委党史研究室，中共茂名市委党史研究室编．—广州：广东人民出版社，2016.5
（全国革命遗址普查成果丛书）
ISBN 978-7-218-10640-3

Ⅰ．①广…　Ⅱ．①中…②中…　Ⅲ．①革命纪念地-介绍-广东省②革命纪念地-介绍-茂名市 Ⅳ．①K878.23

中国版本图书馆 CIP 数据核字（2015）第 301376 号

GUANGDONGSHENG GEMING YIZHI TONGLAN. MAOMINGSHI

广东省革命遗址通览·茂名市

中共广东省委党史研究室
中共茂名市委党史研究室 编

出 版 人： 曾　莹

责任编辑： 卢雪华　黎　捷
封面设计： 闫　炯
责任技编： 周　杰　黎碧霞

出版发行： 广东人民出版社
地　　址： 广州市大沙头四马路 10 号（邮政编码：510102）
电　　话：（020）83798714（总编室）
传　　真：（020）83780199
网　　址： http://www.gdpph.com
印　　刷： 广东信源彩色印务有限公司
书　　号： ISBN 978-7-218-10640-3
开　　本： 889mm×1194mm　1/16
印　　张： 14.5　**插　页：** 2　**字　数：** 300 千
版　　次： 2016 年 5 月第 1 版　2016 年 5 月第 1 次印刷
定　　价： 150.00 元

如发现印装质量问题影响阅读，请与出版社（020-83795749）**联系调换。**
售书热线：（020）83795240

广东省革命遗址普查工作领导小组及办公室

组　　　长：陈俊凤
副　组　长：陈弘君　杨汉卿
办公室主任：李淼翔

广东省革命遗址普查工作与
普查成果丛书编纂指导组

组　　　长：李淼翔
副　组　长：林　益
成　　　员：刘　敏　魏法谱　孙莉娜　张启良

总 序

李忠杰

（中共中央党史研究室副主任）

中国共产党在领导各族人民进行新民主主义革命的过程中，留下了许多珍贵的革命遗址。这些遗址有的也称旧址、旧居、故居、史迹、遗存、胜迹等等。它们包括党的重要机构旧址；重要党史人物的故居、旧居、活动地；重要事件、重大战役战斗遗址；具有重要影响的革命烈士事迹发生地或墓地等，也包括新中国成立后兴建的内容涉及新民主主义革命的各类纪念馆、展览馆等纪念设施，以及能够反映革命时期党的重要历史活动、进程、思想、文化的各种遗迹等等。

这些革命遗址，铭刻着中国共产党人和中国人民为民族独立和人民解放而英勇奋斗的光辉历程，蕴含着中国共产党人和中国人民艰苦奋斗、不屈不挠、一往无前、敢于胜利的革命精神，是中国革命的重要历史见证，是宝贵的革命历史文化遗产，是中华民族物质和非物质文化遗产的重要组成部分，也是人类文明史上独特的文化遗存。

新中国成立以来，很多重要的革命遗址得到了有效的保护、利用和开发，一些新的缅怀革命历史的纪念设施也陆续建立起来，成为爱国主义教育和革命传统教育的重要基地。但是，全国各地到底有多少革命遗址？分布在哪些地方？保护利用得怎么样？现状如何？这些底数还不是很清楚、很完整。在新的历史条件下，为了更好地保护、利用和开发革命遗址，迫切需要对全国的革命遗址进行一次全面、深入、准确的普查。

开展革命遗址普查，是党史工作“存史、资政、育人”的一项重要内容，是认真挖掘、整理和研究党史资源的重要途径。通过普查，全面了解各地丰富的党史资源，掌握各地革命遗址的基本情况及其生存状态，不仅有助于党史研究的深化和党史宣传教育的开展，而且还将为准确判断革命遗址保护形势、科学制定革命遗址保护利用政策提供依据。开展革命遗址普查，对于进一步继承、弘扬党的光荣传统和革命精神，培育、弘扬以爱国主义为核心的民族精神和以改革创新为核心的时代精神；对于建设和巩固社会主义思想文化阵地，大力发展社会主义先进文化；对于服务全国红色旅游，促进经济社会发展，都具有十分重要的意义。

党史部门，是党的历史的研究机构，又是主管党史业务的工作部门。做好革命遗址普查和保护工作，是党史部门的重要职责之一。2006 年，中共中央办公厅转发《中共中央党史研究室 2006—2010 年工作规划》（中办发 [2006]23 号文件），明确把开展革命遗址普查作为党史工作的一项重要任务，要求中央党史研究室制订规划，指导地方党史工作部门对本地区革命遗址进行一轮普查，掌握现状，向同级党委、政府或有关部门提出意见和建议，对重要革命遗址特别是濒危遗址加强保护、酌情合理开发利用；对保护措施不力的要督促整改。

2006 年 9 月，中央党史研究室召开全国党史研究室主任会议，传达贯彻中办发 23 号文件精神。此前，个别省区市做过一些革命遗址调查工作。此后，各地党史部门普遍将开展革命遗址普查工作列入了工作规划。在 2007 年 12 月召开的全国党史研究室主任会议上，确定在革命遗址数量多、类型多、范围广的江西省开展试点，取得经验后，再在全国推开。2008 年 6 月，中央党史研究室向江西省委党史研究室下发了革命遗址普查试点工作通知和方案。自此，革命遗址普查工作正式启动。2009 年 6 月，江西省试点工作圆满结束，为全国普查工作的开展提供了丰富的经验。

2009 年 11 月，中央党史研究室在江西南昌召开全国革命遗址普查工作会议，总结江西试点的经验，就开展革命遗址普查工作作出具体规定，并要求利用媒体大力宣传普查工作，使加强革命遗址保护的理念深入人心。会议印发的《全国革命遗址普查工作实施方案》，规定了革命遗址普查的范围和具体内容、组织机构和职责、普查方法和要求、普查时间与实施步骤，以及普查成果的提交和普查成果的保存利用等。此次会议之后，全国各级党史部门在各级党委的领导和支持下，迅速落实专项经费，进行工作部署，使普查工作在全国迅速推开。

2010 年，中央印发了《中共中央关于加强和改进新形势下党史工作的意见》（中发 [2010]10 号文件），召开了全国党史工作会议。中央 10 号文件明确要求加强党史遗址保护，搞好纪念场馆建设，组织开展党史遗址普查，重点摸清革命遗址底数，同时注重调查党史方面的非物质文化遗产。2010 年 11 月，中央党史研究室在广西南宁召开全国革命遗址普查工作会议，学习贯彻中央 10 号文件和全国党史工作会议精神，检查各地普查工作进展情况，对下一阶段工作，特别是提交普查成果和编辑出版《全国革命遗址普查成果丛书》作出了具体部署。会议要求全体普查人员深入学习中央 10 号文件和全国党史工作会议精神，坚持高标准、高质量地完成各项任务。

在中央党史研究室的组织、指导、推动下，在各地党委政府的重视、领导和支持下，在全国党史部门的广泛参与下，全国的革命遗址普查工作广泛展开，深入推进，取得了显著的成果。

这次革命遗址普查，我们把它界定为对1949年新中国成立之前所有新民主主义革命遗址的普查。1949年之后的党史遗址、旧址等等，内容、范围非常广泛，也非常复杂，暂时难以准确界定，所以不在本次普查范围之内。遗址普查的具体内容包括，每处革命遗址的名称、地址、面积、建筑样式及材质、形成时间、利用时间等基本情况；遗址本体的历史由来、使用状况、保存状况、陈列物品情况；遗址使用管理的所有权属、经费来源、工作人员状况；遗址周围的环境状况（包括自然环境和人文环境）等信息，以及图片资料和文字资料。此外，一些已被损坏的不复存在的重大遗址、遗迹也在普查之列。普查工作以县（区）为基本单元，实行全面普查与重点调研相结合的方法。为保证普查成果的真实、完整和科学，要求采取实地调查与档案资料、图书资料、报刊资料、口述资料等互证的办法，对每处遗址的相关信息严格核实，力求准确无误，确保普查资料、信息登记、统计汇总等各个环节有依有据。

革命遗址普查工作是一项十分艰苦繁杂的工作。普查人员需要熟悉统一的规范和要求，填写普查登记表，撰写革命遗址的历史背景，搜集历史图片，拍摄现状图片等。为了保证普查成果的质量和数据的准确无误，普查人员要亲自到每个遗址去进行测量、登记，还要走访当事人，深入档案资料馆，搜集资料，核实该遗址的来龙去脉。在一些条件艰苦的地方，特别是山区，普查人员只能靠双腿走进深山老林，在酷暑严寒中跋涉登攀，经常只能吃方便食品。全体普查人员以党史工作者崇高的责任感和使命感，排除万难，辛勤工作，坚持高标准、严要求，保证普查成果的质量和水平，为普查工作的顺利完成作出了巨大贡献。

经过全国2万余普查人员的共同努力，普查工作已经顺利结束，普查成果已经全部提交中央党史研究室。通过普查，基本摸清了全国革命遗址的底数，掌握了全国党史资源的分布情况。据不完全统计，全国共普查登记革命遗址近5万处，相关联的其他遗址5000余处。其中新发现了许多革命遗址和相关资料，填补了历史空白。如山西省共普查出3400余处革命遗址，是以前掌握数据的一倍多；安徽省新发现300多处。通过普查，还锻炼了全国的党史队伍，培养了党史工作者艰苦奋斗、严谨科学的精神。

为了使普查所得到的成果永久保存，使每个遗址所记载的历史信息能够留传后世，中央党史研究室组织全国党史部门汇总普查成果，统一编纂了《全国革命遗址普查成果丛书》。全部丛书共31卷、约150册。其中，由中共中央党史研究室负责编辑《全国重要革命遗址通览》作为第一卷。其余30卷由各省区市（不含西藏）党史部门负责编辑，每卷都包括若干分册。中央党史研究室集中全国党史部门意见，制定了统一的编写形式、内容要求、目录编排、印制规范、装帧设计、质量标准和各种技术要求等严密细致的编辑规范。每一卷、每一册都要按统一的规范要求进行编辑。2011 年 11 月上旬，中央党史研究室专门召开了统一的审稿会，组织各省区市党史部门和有关专家进行自审、互审、专家审，统一对编辑规范的理解和把握。各省区市也相应组织了本地的统稿会。整个工作有序进行，力求使整个丛书达到较高的质量标准。

党史部门的革命遗址普查工作与全国的第三次文物普查工作有着紧密的联系。中央党史研究室参加了国务院第三次全国文物普查领导小组。2010 年 6 月，中共中央党史研究室办公厅与国家文物局办公室联合下发通知，就进一步加强党史部门和文物系统在普查工作上的合作提出要求，强调两个系统的普查成果要互相验证，互为补充。党史部门在革命遗址普查中认为具备文物标准的，可向文物部门提出认定建议；文物部门拟认定为文物的革命遗址，可征求党史部门的意见。文物部门和其他有关部门对全国革命遗址普查工作给予了大力支持。在国务院第三次全国文物普查领导小组的有关会议上，刘延东国务委员多次对党史部门的革命遗址普查工作给予了肯定和表扬。

《全国革命遗址普查成果丛书》的出版，只是贯彻落实中央 10 号文件有关精神的第一步。开展革命遗址普查的主要目的，是为了更有针对性地保护和利用革命遗址。因此，我们还要认真研究分析全国革命遗址的基本状况，评估在保护利用上取得的成绩和存在的问题，有针对性地提出进一步加以保护的建议和意见，与各地党委政府一起，加大对革命遗址保护的力度。要充分利用普查成果，在媒体上宣传革命遗址的历史背景和历史地位，宣传新发现的革命遗址，让更多的干部和群众了解革命遗址的价值，认识到保护革命遗址的重要性，增强保护意识，使保护革命遗址成为全社会的共识和自觉行动。要充分利用革命遗址这个独特的历史文化资源，积极推动红色旅游，广泛开展爱国主义和革命传统教育，大力弘扬和培育伟大的民族精神，为建设中国特色社会主义伟大事业作出贡献！

2012 年3 月30 日

目　录

信宜市

高州市

化州市

广东省革命遗址普查报告

中共广东省委党史研究室

广东是中国新民主主义革命的策源地之一，广东党组织在长期的革命斗争中留下了为数众多的革命遗址。这些遗址是一笔宝贵的革命历史文化遗产，是对广大党员干部、人民群众和青少年进行爱国主义教育和革命传统教育的宝贵资源。中共广东省委历来重视对革命遗址的保护、开发和利用工作。为贯彻落实中共中央办公厅转发的《中共中央党史研究室 2006—2010 年工作规划》中确定的革命遗址普查任务，从 2006 年至 2008 年 8 月，省委党史研究室曾组织全省党史部门编纂并出版了《广东革命史迹通览》。这是我省第一次比较全面地调查全省革命遗址，共计收录革命遗址（含其他遗址）1522 个。2009 年 12 月，经省委常委会议决定，由省委党史研究室起草，在征求有关部门的意见后，省委办公厅专门下发了《关于加强革命史迹保护、开发和利用工作的意见》（粤办发 [2009]32 号）。2009 年 11 月，中央党史研究室在南昌召开了全国革命遗址普查工作会议，部署全国革命遗址普查工作。为贯彻落实这次会议的精神，中央党史研究室下发了《关于进一步做好全国革命遗址普查工作的通知》（以下简称《通知》）。根据《通知》的精神，从 2010 年 4 月至 12 月，我室在全省范围内组织开展了一次大规模的革命遗址普查工作。通过全省各级党史（史志）部门普查工作者的辛勤努力，此次普查工作取得了丰硕的成果。现将这次普查工作情况概述如下：

一、普查工作概况

（一）普查工作过程

我省革命遗址普查工作大致经历了组织动员、全面普查、检查指导和汇总提交等四个阶段。

第一，组织动员阶段

根据中央党史研究室《关于进一步做好全国革命遗址普查工作的通知》精神，2010年3月31日，省委党史研究室在全省党史研究室主任会议上，对全省革命遗址普查工作进行了动员和部署，下发了《关于转发中央党史研究室〈关于进一步做好全国革命遗址普查工作的通知〉的通知》，正式启动了全省的革命遗址普查工作。

省委党史研究室设立广东省革命遗址普查工作领导小组及办公室，负责组织实施全省的普查工作。省委党史研究室主任陈俊凤兼任组长，省委党史研究室副主任陈弘君、杨汉卿兼任副组长，办公室设在省委党史研究室第一研究处，由李淼翔（原一处处长，现省委党史研究室副主任）兼任办公室主任，负责日常具体工作。

全省21个地级市也分别成立了市级革命遗址普查工作领导小组和普查办公室。各市先后召开了所属区、县的党史研究室（史志办）主任会议，布置普查工作，制定革命遗址普查实施方案。不设县的地级市则召集镇、街道有关工作人员，落实普查任务。随后，各县（区、县级市）结合本地实际，纷纷成立了由县（区、县级市）领导挂帅，有关部门负责人和各街镇领导参加的普查工作领导小组，落实了工作经费，召开了动员大会，进行工作部署，组织参加普查的工作人员学习了有关文件和业务知识。不设县的地级市则以镇（街道）为单元，由市委党史研究室组织和指导各镇（街道）完成。各镇（街道）参照市的做法，相继成立了镇（街道）革命遗址普查工作领导小组及其办公室，设2至3名专职普查工作人员。有的镇（街道）还聘请具有文史高级职称的专业人员或抽调镇文广中心、镇志办的业务骨干参与普查工作，各村（社区）也确定了普查联络员。大部分市、县（区、县级市、镇、街道）落实了普查工作专项经费，普查任务落实到人。个别市县在普查工作经费尚未落实的情况下，仍然克服困难，先行开展工作。

第二，全面普查阶段

从6月上旬至8月下旬，各县（区、县级市、镇、街道）普查工作人员开始对所在辖区的革命遗址进行全面普查。各普查单元按照中央党史研究室普查方案所规定的普查内容和时间范围，组织相关部门和基层普查人员收集革命遗址线索，认真梳理出本区的革命遗址条目。按照全国普查的统一标准和工作要求，对各处革命遗址进行调查、核实、实地考察，做好拍照、测量等相关工作，记录相关情况，认真填写相关普查表格。为了提高普查工作的效率和质量，一些市在普查工作中摸索出一些比较好的做法，如将普查实施方案简化成普查工作流程图，帮助区县普查人员理解和掌握普查工作要领。

8月3日，省委党史研究室和省文化厅联合转发了中央党史研究室和国家文物局联合下发的《关于进一步加强合作做好普查工作的通知》。各普查单位主动与当地文广新局进行了沟通与合作，充分利用了第三次全国文物普查工作的成果，取得了一定的成效。一些地方直接使用了文物普查成果中的 GPS 测量数据或照片，提高了工作效率和准确性。

第三，检查指导阶段

为规范各市的普查工作，省委党史研究室及时将中央党史研究室《全国革命遗址普查工作简报》下发到各市，并根据《实施方案》和《简报》的精神检查和指导普查工作。

从 8 月起，省委党史研究室普查工作小组加紧开展了对全省普查工作的检查和指导。8 月上旬，省普查工作小组到汕头、潮州等市调研和指导。从 9 月底至 11 月初，组成两个普查工作检查小组，将全省划为六大片区，分头检查普查工作进展情况。两个检查组分别由室巡视员、省革命遗址普查工作领导小组副组长陈弘君，室副主任、领导小组副组长杨汉卿带领，先后分赴东莞、韶关、清远、肇庆、江门、陆丰、饶平、化州等市县，召集全省各片区革命遗址普查工作会议。检查组听取了各市的工作汇报，审阅了部分普查成果，解答了有关疑难问题，并对下一步的工作进行了部署。在调研和检查的基础上，我室及时将反映出的问题归纳整理，先后编发了两期《工作简报》，有针对性地解答了各地在普查中遇到的疑难问题。

第四，汇总提交阶段

各市按照革命遗址普查的规范和要求，对所辖县（区、县级市、镇、街道）提交的普查材料进行审核，督促修改、补充和完善。在确保无差错的情况下，完成普查登记表，编制遗址总目录，撰写普查工作报告，并向省普查办公室提交审阅普查成果。省普查办公室对各市所提交的成果进行审阅，并提出修改意见，督促修改后提交。省普查办公室对全省的普查材料进行整理，并完成各项统计表。

（二）普查工作方法

1. 分级负责，上下联动，形成普查网络

全省各市普遍采取了市、县和乡镇（街道），或市、乡镇（街道）等分级负责的普查工作机制。各级之间上下联动，互为补充。市、县（区）级普查部门研究并提供有关资料线索，镇（街）普查部门和普查人员具体负责实施。例如，广州市各区委党史研究室以 2003 年党史遗址普查成果和区文化局、区规划局开展的第四次文物普查成果为依据，对区内的革命遗址进行汇总分类，收集整理部分资料，下发给各街道，由街道到实地进行核实与填表。同时，加大督促、指导力度，及时解答普查中存在的问题。

2. 组织、培训人员，掌握规范要求

在普查工作开始前，各市组织普查人员认真学习了中央党史研究室、省委党史研究室有关革命遗址普查工作的文件，全面理解掌握革命遗址普查实施方案，以及中央党史研究室《工作简报》的要求，力求把握好普查工作各个环节和普查登记表各项内容的具体要求，为开展普查工作打下良好的理论基础。一些地方还从文化单位、博物馆等部门挑选业务过硬、责任心强的同志担任普查员并进行培训。为了解决在普查工作中遇到的实际问题，一些区县召开革命遗址普查审定会，广泛征求意见，共同查缺补漏。如果在普查资料中遇到带普遍性的问题，就及时召集有关人员开会，集中纠正这些问题。

3. 档案文献、实地调查相互补充

各区县普查工作人员查阅了历年来编印出版的文献资料、重要党史人物文稿和回忆录，以及老同志访谈录等，充分吸收历次文物普查和革命遗址普查的成果，力求较为系统全面地掌握本区重要革命遗址、重大党史事件发生地、重要党史人物活动地的有关情况。同时，组织有关人员对每处革命遗址实地勘测、拍照，走访当事人、知情人或有关管理人员进行核实，做到实地调查和档案文献相互补充论证，力求普查资料、遗址状况信息采集的真实、完整和科学。

4. 全面普查、重点调研相互结合

各普查单位在开展普查工作中，能够结合各地实际，既广泛调查，积极查找线索，争取不遗漏，又能按照本地革命斗争史的特点找准普查重点。例如，广州市黄埔区的长洲岛上，大革命时期曾有许多中共重要人物和其他重要革命人士在此地活动，同时在黄埔军校的革命影响和带动下，黄埔区的农民运动也蓬勃发展，留下了许多重要的史迹和革命旧址。因此，黄埔区将革命遗址普查的重点放在大革命时期，将黄埔军校和农民运动相关的遗址作为普查的重点。

5. 加强各方协作，形成工作合力

由于革命遗址普查工作涉及面广，加之时间紧、任务重和缺乏普查经验等情况，需要普查单位与各相关部门，以及镇、街等基层单位密切协作，因此，各普查单位积极组织、联系区内各有关单位协助做好普查工作，使普查工作得以顺利进行。例如，东莞市在普查工作启动后，就迅速与本市文物普查办公室取得联系，调来文物普查中有关革命文物普查的相关资料，做到资源共享。各镇（街道）聘请参加过文物普查的人员参加革命遗址普查工作。为了做好GPS坐标测量和平面结构图、地理位置图的绘制，各镇（街道）革命遗址普查办公室积极争取市、镇文物普查办，市国土局，市城乡规划局等部门的支持；同时争取本地电视台协助，做好现场录像、录音和后期制作工作。

6. 做好业务指导，提高普查质量

为了把好普查的质量关和史实关，有些市在正式普查前，先选取有代表性的革命遗址进行调研和实地勘察，填好登记表作为样板，下发给区县、镇（街道）参考；在普查过程中，有些市还为区县、镇（街道）解决一些普查难题，提供大量档案史料，派出工作人员帮助下面进行遗址的 GPS 卫星定位；对一些时间模糊、概念模糊的革命遗址反复考证，明确定性。为更好地指导普查工作，有些市如东莞、汕头、清远等市编发了《工作简报》，用以总结推广普查工作经验，交流普查工作信息。有些市除了完成普查实施方案所规定的任务外，还将遗址周围的环境、遗址重要细节或典型特征等内容制成录像，为建立革命遗址的电子地图、信息数据库和管理系统做好准备。

（三）普查工作评估

这次革命遗址普查，是在前几年革命史迹普查工作的基础上，按照中央党史研究室提出的要求，扩大了普查范围，增加了普查内容。因此，较之以前，普查的革命遗址总数大大增加，普查工作方法更加规范，取得的数据信息更加丰富信实。可以说，此次普查工作及其成果是我省文化大省建设所取得的又一新的重大成果。

在普查工作中，各市县党史部门加强了与文化、规划、档案等部门的沟通，互相交流所掌握的资料，确保普查资料、信息及普查成果的真实、完整和科学，并收集整理出许多宝贵的资料。广大普查人员本着对历史高度负责的态度，积极寻找线索，多方求证，深入调查，认真勘测、拍摄并填写登记表。基本做到了不漏查、不错登数据资料、历史背景等，秉持了严谨科学的态度。

因此，我省这次革命遗址普查工作总体上做到了“普查范围全面、工作步骤规范、数据材料真实、态度认真严谨”。这次普查成果全面地反映了我省革命遗址保护和利用的现状，为我省下一步革命遗址的保护和利用工作提供了可靠的依据。

同时，也应该看到，此次普查工作时间紧，任务重，要求高，但普查人员的认识水平、业务水平等与工作要求之间存在着一定的差距，因此，上报的普查成果还有很多不足的地方，如一些登记表填写不规范，历史背景的史实、文字，照片拍摄等还不符合要求，遗址名称不准确等等，还需要进一步加以补充和完善。

二、广东省革命遗址的总体概况

新民主主义革命时期，中共广东组织的创建和发展过程具有三个主要特点：一是“早”，广东是全国 6 个中国共产党成立前最早建立共产党地方组织的地区之一；二是“大”，党在广东领导了许多重大的革命活动和斗争，活动地区范围广，影响大。同时，党中央的许多领导人和著名活动家都曾在广东活动过；三是“长”，广东党组

织自建立以来，长期坚持革命斗争，从未间断，直到最后胜利。在近 30 年的革命斗争历程中，中共广东组织建立了大量的各级党组织、青年团组织、军事组织、政权组织、统一战线组织和群众团体等。为适应复杂的斗争形势和异常艰险的环境，各级组织频繁更迭、分合，从而遗留了大量的、丰富的革命遗址，也为我们留下了一笔宝贵的红色遗产。根据对此次普查工作所取得的成果综合统计，我省普查遗址总数为 4574 个，其中，革命遗址 4189 个，和革命历史相关的其他遗址 385 个。

（一）革命遗址总数及地区分布

我省革命遗址总数共计 4189 个。各市革命遗址总数及占全省总数比例如下表：

数量 市名	遗址数（个）	占总数比(％)	数量 市名	遗址数（个）	占总数比（％）
广州市	183	4.4	深圳市	111	2.6
珠海市	35	0.8	汕头市	163	4
佛山市	88	2.1	韶关市	287	6.9
河源市	243	5.8	梅州市	359	8.7
惠州市	474	11.3	汕尾市	106	2.5
东莞市	159	3.8	中山市	111	2.6
江门市	158	3.8	阳江市	77	1.8
湛江市	499	11.9	茂名市	269	6.4
肇庆市	161	3.8	清远市	183	4.4
潮州市	198	4.7	揭阳市	160	3.8
云浮市	165	3.9	—	—	—

在重要革命遗址较为集中的广州，主要有中国共产党广东早期组织成立和活动的遗址，有中共中央机关旧址，中国共产党第三次全国代表大会、中国社会主义青年团第一次全国代表大会、第一次全国劳动大会等会址，还有中华全国总工会、广州农民运动讲习所、黄埔军校、省港罢工委员会、广州苏维埃政府等著名遗址。

在东江、潮梅（粤东）地区，有大革命时期第一、第二次东征，海陆丰农民运动，海陆丰革命根据地，东江革命根据地等众多遗址，还有南昌起义军、红二师、红四师、红十一军、东江纵队、韩江纵队、粤赣湘边纵队、闽粤赣边纵队等活动的大量遗址；在北江（粤北）地区，有红四军、红五军、红七军，红一、红三军团等在粤作战，以及中央红军长征经过广东等大量遗址，还有赣粤边三年游击战争，抗战时期中共广东省委和粤北省委等大量遗址；在珠江、粤中地区，有珠江纵队、广东人民抗日解放军、粤中纵队等活动的大量遗址；在西江地区，有西江农民运动、叶挺独立团、粤桂湘边纵队等活动的遗址；在南路（粤西）地区，有南路农民运动，南路人民抗日解放军、粤桂边纵队等活动的大量遗址，以及解放军南下大军解放广东的重要战场遗址。

在广东这片红色的土地上，留下了毛泽东、刘少奇、周恩来、朱德、邓小平、彭德怀、陈毅、贺龙、聂荣臻、徐向前、叶剑英、张太雷、邓中夏、苏兆征、彭湃、杨殷、邓发、陈郁、杨匏安、阮啸仙、刘尔崧、周其鉴、周文雍、叶挺、古大存、李坚真等老一辈无产阶级革命家和一大批党的著名活动家的足迹。

（二）革命遗址类别

大量革命遗址的遗存是与中国共产党在广东的活动，以及许多重要历史事件在广东发生密切相关的：

1919 年五四运动爆发后，广东是全国较早传播马克思主义思想的地区之一。在共产党早期组织成立过程中，广东成立了广州共产党组织，是在全国最早建立共产党地方组织的 6 个地区之一。

大革命时期，中国共产党第三次全国代表大会在广州召开，确定了“国共合作”的方针政策。中共中央机关一度迁至广州。在有共产党人参加的国民党第一次全国代表大会召开后，第一次国共合作正式形成。广东从此成为中国大革命运动的策源地，工农运动风起云涌，先后发生过省港大罢工、统一广东之役和北伐战争等重大历史事件。

土地革命战争时期，广东党组织在全省相继发动了 150 多次大大小小的武装起义，举行了震惊中外的广州起义。其间，诞生过全国第一个县级苏维埃政权——海陆丰苏维埃政府，第一个城市苏维埃政权——广州苏维埃政府；开辟了海陆丰、琼崖（现海南省）、东江等革命根据地；先后创建了中国工农红军第二师、第四师、第十一军等；建立了从上海、香港到中央苏区的“红色交通线”。

抗日战争时期，广东党组织在东江、琼崖（现海南省）、珠江、南路、韩江等地区领导创建了人民抗日游击队，开辟了全国三大敌后抗日战场之一——华南敌后战场，建立了华南敌后抗日根据地，先后成立了东江纵队、琼崖独立纵队、珠江纵队、广东人民抗日解放军、南路人民抗日解放军和韩江纵队等抗日游击纵队（统称“华南抗日纵队”）。

解放战争时期，广东是华南地区革命斗争的指挥中心。中共中央香港分局（1949 年 4 月改称“华南分局”）领导着广东、广西全省，福建、江西、湖南、云南、贵州等省部分地区的党组织。党领导全省各地迅速恢复和大力开展武装斗争，开辟了以广东为中心，深入桂、滇，绵延闽、赣、湘、黔四省边界的七大块游击根据地；先后成立了琼崖、粤赣湘边、闽粤赣边、桂滇黔边、粤中、粤桂边和粤桂湘边等纵队，配合人民解放军南下大军，先后发起广东战役、粤桂边战役和海南岛战役，解放了广东全境。

在革命遗址中，重要历史事件和重要机构旧址 1733 个，重要历史事件及人物活动纪念地 1198 个，革命领导人和烈士故居 314 个，烈士墓 225 个，纪念设施 719 个。其中，损毁遗址 758 个。

在其他遗址中，重要历史事件和重要机构旧址 129 个，重要历史事件及人物活动纪念地 57 个，重要人物故居 79 个，烈士墓 37 个，纪念设施 83 个。其中，损毁遗址 13 个。

三、广东省革命遗址的保护情况

（一）革命遗址保护类别

革命遗址中，国家级文物保护单位 15 个，占总数 0.36%；省级文物保护单位 52 个，占总数 1.25%；市级文物保护单位 214 个，占总数 5.1%；县级文物保护单位 450 个，占总数 10.75%；未定 3458 个，占总数 82.54%。

其他遗址中，国家级文物保护单位 1 个，占总数 0.2%；省级文物保护单位 18 个，占总数 4.6%；市级文物保护单位 52 个，占总数 13.4%；县级文物保护单位个 38 个，占总数 9.8%；未定 276 个，占总数 72%。

各级革命遗址文物保护单位数量分布如下：

级别 市名	国家级（个）	省级（个）	市级（个）	县级（个）	未定（个）
广州市	7	7	31	20	118
深圳市	1	1	8	8	93
珠海市	—	3	—	2	30
汕头市	—	4	11	14	134
佛山市	1	1	17	—	69
韶关市	1	3	2	36	245
河源市	—	1	2	52	188
梅州市	1	6	2	37	313
惠州市	1	3	29	35	406
汕尾市	1	3	2	35	65
东莞市	1	—	22	—	136

（续表）

级别 市名	国家级（个）	省级（个）	市级（个）	县级（个）	未定（个）
中山市	1	4	36	—	70
江门市	—	—	4	22	132
阳江市	—	—	7	4	66
湛江市	—	1	20	64	414
茂名市	—	2	4	5	258
肇庆市	—	5	8	30	118
清远市	—	2	1	15	165
潮州市	—	1	2	5	190
揭阳市	—	3	6	53	98
云浮市	—	2	—	13	150
合计	15	52	214	450	3458

（二）革命遗址的所有权属和使用单位

我省革命遗址的所有权属和使用单位非常复杂，主要表现为以下几类情况：

（1）重要革命遗址以及公布为文物保护单位的革命遗址和纪念设施，其所有权属和使用单位大多集中在各级人民政府及所属的文化（包括文化厅、文化局、文广新局、文化站、纪念馆、博物馆等）、市政园林绿化等部门中。

（2）一部分分散在某些党政部门（如党校、老干局、公安局、建设局、民政局、教育局、房管局、卫生局、旅游局、体育局、宗教事务局、盐务局等）、部队、社会团体（如总工会、宗教协会），以及医院、学校等单位中。

（3）分散在城市社区、街道办，农村村委会等基层单位中。

（4）分散在工厂、公司、宾馆等企业中。

（5）分散在城乡居民、有关宗亲后代中。

第一、二类革命遗址和纪念设施有较为稳定的日常维护经费、管理机构和人员，并对公众开放。这一类保存状态比较好，但占普查遗址总数比例较小；而第三、四、五类革命遗址和纪念设施则没有管理人员和稳定的日常维护经费，保存状态因人因时因地而异，但普遍较差，这几类占普查遗址总数比例较大。

由于革命遗址的所有权属和使用单位非常复杂而分散，往往政出多门，所以，至今都难以对其进行统一、规范而有力的管理。

（三）革命遗址的保存状况

革命遗址保存状况统计表（单位：个）

市名＼现状评估	好	较好	一般	较差	差
广州市	28	57	43	14	24
深圳市	17	36	12	12	9
珠海市	5	15	1	7	3
汕头市	33	38	24	22	23
佛山市	8	27	9	3	4
韶关市	13	67	55	63	88
河源市	27	38	66	59	34
梅州市	58	87	106	48	30
惠州市	71	87	72	81	84
汕尾市	19	18	25	21	20
东莞市	24	42	20	10	18
中山市	7	26	34	9	9
江门市	46	30	44	19	14
阳江市	10	18	17	5	14
湛江市	31	66	98	50	110
茂名市	58	58	40	33	51
肇庆市	20	64	39	13	23
清远市	50	38	31	13	18
潮州市	37	25	41	29	32
揭阳市	14	47	60	9	14
云浮市	12	34	45	34	34
合计	588	918	882	554	656

从普查统计数据分析，我省革命遗址的保存状况具有以下几个特点：

（1）凡列入文物保护单位的革命遗址，相对保存较好，尤其是保护级别较高的遗址。

（2）文物保护级别较低的革命遗址，大多保存状态较差，其中，有一部分遗址已经损毁或消失。

（3）未列入文物保护单位的革命遗址，则普遍保存较差，有些或消失，或遭到不同程度的损毁。有些被占为他用。

（4）纪念设施的保存状态普遍较好。很多设施甚至经过多次修缮或重建。

（5）有些保存状况较差的革命遗址会随着纪念活动时间节点、社会认知程度、政府部门决策等多种因素而发生重要转机。如中共三大会址保护工程、抗战时期中共广东省委和粤北省委旧址的修复和保护工程，就是提升革命遗址保护水平的典型例证。因此，对革命遗址的开发利用也往往是提升革命遗址保护水平的最佳契机。

（6）有些地方能够通过创新思路的方法，对区内的革命遗址进行统筹保护。例如，化州市党史部门利用当地许多革命遗址在宗祠的特点，通过民间筹资维修宗祠，将宗祠建成集革命遗址、宗祠、文化活动室为一体的功能设施，让群众在日常生活中接受革命传统教育。这样既保护了革命遗址，又发挥了大众认知和教育的功能，这类建筑在当地很有影响力。还有些革命老区市县，也通过规划，将比较集中的革命遗址通过建立纪念园，或将关联的遗址串成红色旅游线路的方式，来修复保护革命遗址。

四、广东省对革命遗址的修复、开发和利用

近几年来，我省高度重视对革命遗址的修复、开发和利用工作，各级党委和政府部门都不同程度地加大了有关工作力度，取得了非常显著的成效，扩大了革命遗址的社会影响。

（一）我省革命遗址的利用级别为：

革命遗址：国家级爱国主义教育基地 9 个，占总数 0.24%；省级爱国主义教育基地 21 个，占总数 0.5%；市级爱国主义教育基地 237 个，占总数 5. 64%；县级爱国主义教育基地 285 个，占总数 6.78%；未定 3637 个，占总数 86.84%。

其他遗址：省级爱国主义教育基地 3 个，占总数 0.77%；市级爱国主义教育基地 18 个，占总数 4.89%；县级爱国主义教育基地 13 个，占总数 3.34%；未定 351 个，占总数 91%。

各市被公布为爱国主义教育基地的革命遗址数量分布如下：

级别 市名	国家级（个）	省级（个）	市级（个）	县级（个）	未定（个）
广州市	4	4	15	20	140
深圳市	—	—	8	2	101
珠海市	—	1	4	4	26

（续表）

市名＼级别	国家级（个）	省级（个）	市级（个）	县级（个）	未定（个）
汕头市	—	1	9	15	138
佛山市	—	1	13	2	72
韶关市	—	2	5	24	256
河源市	—	3	49	32	159
梅州市	1	1	5	20	332
惠州市	1	1	13	26	433
汕尾市	1	2	—	32	71
东莞市	—	1	31	—	127
中山市	1	1	10	—	99
江门市	—	—	9	4	145
阳江市	—	—	10	4	63
湛江市	—	—	10	18	471
茂名市	—	—	4	13	252
肇庆市	1	-	10	29	121
清远市	—	-	6	11	166
潮州市	—	1	7	9	181
揭阳市	—	1	11	15	133
云浮市	—	1	8	5	151
合计	9	21	237	285	3637

（二）我省革命遗址的修复、开发和利用情况

1. 突出抓好重点革命遗址的修复保护利用工程，打造著名红色品牌

2006 年 1 月到 6 月，中共广东省委和广州市委联合修复了中共“三大”会址遗址及中共中央机关旧址——春园，修建了中共“三大”会址纪念馆。现在，这些遗址和纪念设施已成为广州市红色旅游的经典线路。

为纪念广州起义 80 周年，广州市对广州起义旧址进行全面维修，并重修广州起义纪念馆。2006 年工程正式动工，2007 年 10 月竣工并重新开放。重修后的广州公社旧

址，总面积达5992平方米。其中，广州起义陈列展览由原来的南楼移至北楼，总面积达900平方米。展览以150多件珍贵的文物资料，350多张历史图片和照片，第一次完整地展示了广州起义的历史。

2009年1月，在中共中央政治局委员、中共广东省委书记汪洋的关心和指示下，经省委常委会决定，中共广东省委成立了抗战时期中共广东省委、粤北省委旧址修复保护利用工作领导小组，由省委党史研究室和韶关市委共同承担“抗战时期中共广东省委、粤北省委旧址修复保护利用工程”。该项工程包括浈江区五里亭、南雄市瑶坑、始兴县红围等三处遗址修复保护工程，以及中共广东省委粤北省委历史陈列馆的建设和布展工程等。2010年七一前夕工程竣工，遗址和陈列馆正式向社会公众开放。在修复工程的同时，省文化厅、省委宣传部等部门分别提高了这些遗址的保护级别和利用级别。

2. 将开发红色旅游作为建设经济强省、文化大省、法治社会、和谐广东和实现富裕安康的重要举措之一

2005年初，省旅游局、省发展改革委和省委宣传部联合评选公布了“活力广东红色100”广东红色旅游景点和线路。全省各地、各企事业单位也结合2005中国红色旅游年主题活动、抗日战争胜利60周年纪念活动等，展开了形式多样、内容丰富的红色旅游活动，掀起了广东红色旅游的发展热潮。2006年，省旅游局制定了《广东省红色旅游发展规划纲要》，提出要重点打造“国共合作、红色政权、东纵风云、解放南粤、英雄伟略”五大红色旅游主题。加快形成全省红色旅游产业配套发展格局，提高广东在全国红色旅游发展的地位。全省红色旅游按照“一个推进发展模式、五大红色旅游主题、八条红色旅游精品线路、二十八个红色旅游景区（点）”与山水生态、历史人文旅游有机结合的原则进行布局。2010年4月28日，省委宣传部、省发展改革委、省旅游局联合下发了《关于评选广东省红色旅游示范基地的通知》。各地市高度重视，精心组织，踊跃推荐，共有19个地级以上市申报了71家单位。经过综合评审，广州起义烈士陵园、孙中山故居纪念馆、叶剑英纪念园等26家单位被授予首批“广东省红色旅游示范基地”称号。

3. 积极探索保护开发利用的发展思路和重要举措

近几年来，我省各地积极探索对革命遗址的修复、开发和利用工作的新思路，推出新举措，取得了显著的成效。

（1）将革命遗址保护纳入城市规划建设，为革命遗址保护工作提供强有力的支持。从2003年开始，广州市委党史研究室组织开展了为期一年多的党史旧址普查工作，对广州地区党组织活动地旧址进行了全面的摸底调查。2005年9月，市委党史研究室向市委提交了《关于保护和利用好民主革命时期广州地区126处党史旧址资源的报告》（以下简称《报告》）。市委对《报告》高度重视，有5位市领导作了批示，要求市委宣传部牵头，会同市文化局、市市政园林局、市旅游局和市规划局等部门对《报告》进行认真研究处理。市规划局于2006年5月开展了民主革命时期广州地区中共党史旧址保护规划的编制工作。市委党史研究室协助提供旧址的历史资料和保护意见，市规划局进行实地勘察和编制保护规划要点。经过一年的努力，编制了《民主革命时期广州地区中共党史旧址保护规划》，从此，广州市革命遗址的保护纳入了城市规划。

（2）着力打造红色旅游精品线路和中共党史和革命传统教育示范基地。2008年6月，河源市委、市人民政府根据当地实际以及结合红色旅游开发利用的需要，决定对紫金县革命老区18处革命遗（旧）址群分三期实施维修、复建和开发，努力打造一条以“革命老区遗址展览馆—红屋—血田—农会旧址—红军亭—龙炮区连队旧址—战壕遗址—红四师第十团会场遗址—革命烈士纪念堂—红二师师部旧址—红十一军四十九团旧址”为主线的红色旅游精品线路。2010年8月，河源市委根据省委办公厅《关于加强革命史迹保护、开发和利用的意见》的精神，下发《关于加强革命史迹保护、开发和利用工作的实施意见》文件，确定全市要在建党90周年之前建立19处中共党史和革命传统教育示范基地，保护和开发利用一批重要革命遗址，将任务分解到各区县实施。

（3）整合兴建纪念园。2005年5月，梅州市将叶剑英元帅故居和纪念馆进行整合与扩建为叶剑英纪念园，2007年5月建成并正式开放。扩建后的叶剑英纪念园建筑占地面积1.1万平方米，保护范围面积32万平方米。2005年，梅州市还将八一南昌起义军三河坝战役烈士陵园扩建为纪念园，并新建一座三河坝战役纪念馆。2008年8月，为纪念朱德、陈毅、罗荣桓、粟裕、萧克、罗瑞卿等老一辈革命家率领红军三次进军平远的历史，平远县委、县人民政府在仁居东较场原红四军革命旧址兴建平远县红军纪念园，园区占地200亩，含红四军纵队司令部、政治部、政委驻地、军需处、后勤处和众多的红军标语等革命遗迹群，并设有主展馆区、主题雕塑区、纪念亭、纪念塔和休闲观光区等功能区。2007年5月，惠州市对叶挺故居、纪念馆进行资源整合，兴建叶挺将军纪念园，并展开纪念馆迁建工程。整个纪念园按照“一轴、二水、六景区、二十四景点”来规划。2010年1月，由惠东县委，惠州市、惠东县党史部门和雁湖老区建设理事会筹资兴建的“东江红军纪念园”建设工程正式奠基。

（4）为革命遗址立碑，充分发挥其宣教功能。化州市（县级市）是革命老区，市委、市政府将保护革命遗址当作一项民心工程来抓。早在2003年就成立了市革命遗址建设工作领导小组和革命遗址建设审核小组。市委党史部门从2004年开始，在市委市政府的支持下，多方筹集资金，在全市进行革命遗址立碑建设工作。他们采用最好的石块，统一规格，在全市建起革命遗址纪念碑85块、革命历史纪念馆（室）16座（间）。工程资金除一部分政府拨款和各级老促会支持外，绝大部分资金是从社会筹集解决。每个革命遗址纪念碑建成时，都举行规模不等的揭幕仪式。不少揭幕仪式的场面十分感人。累计参加人数20多万人次。此举得到广大老区人民和老同志的大力支持和拥护，成为化州党史教育一道独特的风景线。

（5）重视纪念设施和场馆建设。2005年9月，东莞市委、市人民政府，大岭山镇人民政府在大岭山修建了广东东江纵队纪念馆。该馆是广东省目前规模最大的抗日战争遗址类专题纪念馆。市财政每年拨款在纪念馆软硬件建设上加大投入力度。自开馆以来，已接待观众约70万人次。此外，东莞市政府与当地镇政府还出资对东江纵队抗日浮雕、东江纵队碑廊、李任之革命史迹陈列馆、东莞抗日亭碑、东莞革命烈士纪念碑、榴花抗日纪念亭、麻涌人民革命纪念墙、王作尧雕像、黄友亭、李一之烈士墓等一大批纪念设施和纪念场馆进行管理、修葺。这些纪念设施和纪念场馆每年接待大量的参观者，成为东莞市爱国主义教育的重要基地和红色旅游的知名品牌。

（执笔：林　益　魏法谱）

广东省革命遗址及其他遗址统计表

革命遗址统计表

市（区、州、盟）名称	革命遗址总数（个）	类别						保护级别（文物保护单位）					利用级别（爱国主义教育基地）				
		重要历史事件和重要机构旧址（个）	重要历史事件及人物活动纪念地（个）	革命领导人故居（个）	烈士墓（个）	纪念设施（个）	损毁遗址（个）	国家级（个）	省级（个）	市级（个）	县级（个）	未定（个）	国家级（个）	省级（个）	市级（个）	县级（个）	未定（个）
广州市	183	90	50	7	10	26	14	7	7	31	20	118	4	4	15	20	140
深圳市	111	73	2	5	8	23	7	1	1	8	8	93	–	–	8	2	101
珠海市	35	8	9	5	4	9	6	–	3	–	2	30	–	1	4	4	26
汕头市	163	76	31	18	12	26	31	–	4	11	14	134	–	1	9	15	138
佛山市	88	34	14	11	1	28	14	1	1	17	–	69	–	1	13	2	72
韶关市	287	106	105	7	16	53	120	1	3	2	36	245	–	2	5	24	256
河源市	243	92	84	21	3	43	44	–	1	2	52	188	–	3	49	32	159
梅州市	359	115	93	45	16	90	31	1	6	2	37	313	1	1	5	20	332
惠州市	474	163	193	36	8	74	6	1	3	29	35	406	1	1	13	26	433
汕尾市	106	54	28	7	4	13	11	1	3	2	35	65	1	2	–	32	71
东莞市	159	66	23	30	9	31	37	1	–	22	–	136	–	1	31	–	127
中山市	111	58	24	10	3	16	17	1	4	36	–	70	1	1	10	–	99
江门市	158	45	42	16	4	51	14	–	–	4	22	132	–	–	9	4	145
阳江市	77	21	38	5	–	13	6	–	–	7	4	66	–	–	10	4	63
湛江市	499	277	109	24	36	53	147		1	20	64	414	–	–	10	18	471
茂名市	269	37	181	6	12	33	86	–	2	4	5	258	–	–	4	13	252
肇庆市	161	85	13	19	9	35	21	–	5	8	30	118	1	–	10	29	121
清远市	183	57	57	7	16	46	33	–	2	1	15	165	–	–	6	11	166
潮州市	198	149	23	9	9	8	63	–	1	2	5	190	–	1	7	9	181
揭阳市	160	73	32	6	25	24	12	–	3	6	53	98	–	1	11	15	133
云浮市	165	54	47	20	20	24	38	–	2	–	13	150	–	1	8	5	151
合计	4189	1733	1198	314	225	719	758	15	52	214	450	3458	9	21	237	285	3637

说明：

1. 珠海市被公布为广东省文物保护单位的“万山海战遗址”含战斗遗址、桂山舰登陆点、烈士纪念碑、烈士陵园；

2. 汕头市被公布为广东省文物保护单位的“大南山石刻革命标语和红宫红场旧址”包括3个革命遗址。其中，大南山石刻革命标语还分布于揭阳市的普宁市、惠来县；

3. 韶关市被公布为广东省文物保护单位、广东省爱国主义教育基地的“中共广东省委、中共粤北省委机关旧址”含浈江区五里亭中共粤北省委旧址、南雄市瑶坑村中共广东省委旧址、始兴县沈所红围中共广东省委旧址；

4. 河源市被公布为广东省爱国主义教育基地的“紫金县苏区革命旧址群”包括20个革命遗址；

5. 东莞市被公布为全国重点文物保护单位的“大岭山抗日根据地旧址”包括9个旧址；

6.“文物保护单位”统计范围不包括由国家民政部、广东省民政厅公布的“重点烈士纪念建筑物保护单位”（国家级5个，省级31个）。

其他遗址统计表（副编）

市（区、州、盟）名称	其他遗址总数（个）	类别						保护级别（文物保护单位）					利用级别（爱国主义教育基地）				
		重要历史事件和重要机构旧址（个）	重要历史事件及人物活动纪念地（个）	重要人物故居（个）	重要人物墓地（个）	纪念设施（个）	损毁遗址（个）	国家级（个）	省级（个）	市级（个）	县级（个）	未定（个）	国家级（个）	省级（个）	市级（个）	县级（个）	未定（个）
广州市	77	23	6	15	13	20	1	1	3	27	6	40	–	1	3	–	73
深圳市	–	–	–	–	–	–	–	–	–	–	–	–	–	–	–	–	–
珠海市	5	3	–	2	–	–	–	–	–	–	–	5	–	–	–	–	5
汕头市	14	4	2	4	1	3	1	–	–	–	–	14	–	–	1	2	11
佛山市	30	5	17	4	1	3	1	–	–	7	3	20	–	–	–	–	30
韶关市	40	23	1	7	5	4	1	–	1	1	6	32	–	–	–	–	40
河源市	1	–	–	–	–	1	–	–	–	1	–	–	–	–	1	–	–
梅州市	42	2	6	19	2	13	–	–	2	–	14	26	–	1	1	4	36
惠州市	40	25	6	3	1	5	–	–	1	–	–	39	–	1	–	2	37
汕尾市	2	1	–	–	1	–	–	–	–	–	–	2	–	–	1	1	–
东莞市	16	2	2	6	–	6	2	–	2	2	–	12	–	–	2	–	14
中山市	11	1	3	2	3	2	2	–	–	9	–	2	–	–	1	–	10
江门市	24	–	8	4	1	11	–	–	1	–	4	19	–	–	4	1	19
阳江市	4	–	1	1	1	1	–	–	–	–	–	4	–	–	1	–	3
湛江市	11	6	–	3	1	1	–	–	2	–	–	9	–	–	–	–	11
茂名市	–	–	–	–	–	–	–	–	–	–	–	–	–	–	–	–	–
肇庆市	5	2	–	1	–	2	–	–	–	2	1	2	–	–	–	2	3
清远市	4	–	–	3	–	1	–	–	1	–	1	2	–	–	–	1	3
潮州市	7	3	–	2	1	1	–	–	–	–	–	7	–	–	–	–	7
揭阳市	7	2	–	2	1	2	–	–	–	–	1	6	–	–	–	–	7
云浮市	8	5	–	1	–	2	2	–	1	–	2	5	–	–	–	–	8
合计	348	107	52	79	32	78	10	1	14	49	38	246	–	3	15	13	317

其他遗址统计表（附录）

市（区、州、盟）名称	其他遗址总数（个）	类别						保护级别（文物保护单位）					利用级别（爱国主义教育基地）				
		重要历史事件和重要机构旧址（个）	重要历史事件及人物活动纪念地（个）	重要人物故居（个）	重要人物墓地（个）	纪念设施（个）	损毁遗址（个）	国家级（个）	省级（个）	市级（个）	县级（个）	未定（个）	国家级（个）	省级（个）	市级（个）	县级（个）	未定（个）
广州市	8	7	–	–	1	–	1	–	–	–	–	8	–	–	–	–	8
深圳市	–	–	–	–	–	–	–	–	–	–	–	–	–	–	–	–	–
珠海市	10	8	–	–	–	2	–	–	1	1	–	8	–	–	2	–	8
汕头市	2	–	–	–	2	–	–	–	1	–	–	1	–	–	–	–	2
佛山市	–	–	–	–	–	–	–	–	–	–	–	–	–	–	–	–	–
韶关市	1	–	–	–	–	1	–	–	–	–	–	1	–	–	–	–	1
河源市	–	–	–	–	–	–	–	–	–	–	–	–	–	–	–	–	–
梅州市	–	–	–	–	–	–	–	–	–	–	–	–	–	–	–	–	–
惠州市	4	4	–	–	–	–	–	–	–	–	–	4	–	–	–	–	4
汕尾市	–	–	–	–	–	–	–	–	–	–	–	–	–	–	–	–	–
东莞市	7	–	5	–		2	1	–	1	–	–	6	–	–	1	–	6
中山市	2	–	–	–	2	–	–	–	–	2	–	–	–	–	–	–	2
江门市	–	–	–	–	–	–	–	–	–	–	–	–	–	–	–	–	–
阳江市	–	–	–	–	–	–	–	–	–	–	–	–	–	–	–	–	–
湛江市	2	2	–	–	–	–	–	–	1	–	–	1	–	–	–	–	2
茂名市	–	–	–	–	–	–	–	–	–	–	–	–	–	–	–	–	–
肇庆市	–	–	–	–	–	–	–	–	–	–	–	–	–	–	–	–	–
清远市	–	–	–	–	–	–	–	–	–	–	–	–	–	–	–	–	–
潮州市	1	1	–	–	–	–	1	–	–	–	–	1	–	–	–	–	1
揭阳市	–	–	–	–	–	–	–	–	–	–	–	–	–	–	–	–	–
云浮市	–	–	–	–	–	–	–	–	–	–	–	–	–	–	–	–	–
合计	37	22	5	–	5	5	3	–	4	3	–	30	–	–	3	–	34

茂名市革命遗址通览

茂南区

鳌头古衙门——鳌头解放纪念旧址

鳌头古衙门——鳌头解放纪念旧址位于茂南区鳌头镇正街 52 号。

1949 年 6 月，共产党员郑凌华按中国人民解放军粤桂边纵队第 5 支队司令员王国强的命令，将飞马、覃巴两地区武工队游击队改编为中国人民解放军 14 团第 3 营，由郑凌华任营长。农历九月九日，郑凌华主持召开进军解放鳌头圩的誓师大会，然后挑选 40 名战士乔装潜入鳌头圩，三更时分发出信号弹，里应外合打开城门，配合主力部队攻入鳌头圩，伪区府的敌人被迫扯起白旗投降。随后，3 营升起五星红旗，接管鳌头古衙门，挂牌成立区政府。

◆鳌头古衙门

鳌头古衙门始建于明洪武三十年，自明至清代都是当地政府衙门。明朝期间，鳌头曾属高凉郡，管辖地为现吴川市兰石、浅水、覃巴，化州市长岐，电白区小良，茂南区袂花、镇盛等地。衙门在清末因战乱被毁，民国时期，设伪区府，并建起碉堡炮楼。

鳌头古衙门于 2008 年 9 月被茂南区人民政府公布为茂南区文物保护单位，旧址旁还建起了鳌头革命史迹展览馆。

茂名县人民政府遗址

茂名县人民政府遗址位于茂南区金塘镇白土村迓谷岭村民小组。

白土村是土地革命战争时期茂名县党组织领导人朱也赤开展革命活动的主要地区之一。1949 年 10 月 31 日，经上级批准，茂名县人民政府在茂名县文团乡第二保迓谷岭村正式成立，梁昌东任县长，周梦吉、熊夏武任副县长。县政府发布了《告茂名县人民书》。中华人民共和国国旗在迓谷岭村庄严升起，高高飘扬。

◆茂名县人民政府旧址纪念碑

1949 年 11 月 2 日，中共茂名县委书记龙思云、县长梁昌东率领茂名县人民政府机关人员进入高州城，接管政权。茂名县人民政府的成立，宣告了国民党反动政权在茂名县统治结束，人民政权诞生。

汝嘉小学革命遗址

汝嘉小学革命遗址位于茂南区新坡镇合水村果子园村民小组。

汝嘉小学创办于 1933 年春，原为茂名县第二区沙乡合水片柯族兴办的私立学校。1942 年，党组织派进步青年李福全（练航）到该校任校长，开展抗日救亡活动。1943 年春，中共党员梁平、梁恩波到该校任教，以教书身份秘密从事党的地下工作，掩护党的领导人进行革命活动。此后，在中共茂电信和茂名县党组织的直接领导下，该校成为合水至茂南地区的革命根据地和传播革命思想的重要阵地。

◆汝嘉小学校园内中共党组织活动旧址纪念碑

烧酒小学——烧酒抗日武装起义遗址

烧酒小学——烧酒抗日武装起义遗址位于茂南区山阁镇烧酒村龙底村民小组。

抗日战争后期，在中共南路特委和中共茂电信特派员的领导下，南路人民抗日解放军茂南大队在烧酒村正式成立。1945 年 2 月 18 日，参加起义的陈垌、飞马、烧酒三个抗日游击中队集结于崇礼小学（今烧酒小学）广场，举行战前誓师，准备攻打国民党顽固派驻守的据点——仁里乡公所。但因敌人对起义计划有觉察，指挥部临时决定取消原定计划，起义部队撤离烧酒村，返回原地坚持隐蔽斗争。

1945 年 5 月，国民党茂名县警察局局长率军警 300 多人到烧酒村进行疯狂镇压，逮捕革命群众400多人，李立溪、李亚晚、梁金兴等人惨遭杀害。

◆烧酒抗日武装起义旧址纪念碑

◆烧酒小学正门

飞马村地下党活动遗址（郑奎烈士故居）

飞马村地下党活动遗址（郑奎烈士故居）位于茂南区鳌头镇飞马村婆尛村民小组。

◆郑奎烈士故居

飞马村是革命战争时期中共茂电化吴党组织的重要活动基地，王国强、陈醒吾、钟正书、龙思云、梁昌东等中共茂电信和茂名县党组织领导多次在这里活动。1945 年春，该村部分村民在共产党员郑奎等人的领导下，组织和筹备抗日武装起义，打击和震慑了国民党顽固派制造的反共逆流。在抗日战争和解放战争时期，该村有 22 人加入中国共产党，23 人参加共青团，200 多人参加革命武装部队。飞马村群众拥护共产党，热情支持革命，先后为革命献身的本村和外籍志士共 18 人。郑奎、郑金、李嘉等在对敌人斗争中顽强不屈，为国捐躯。

勒仔岭战场遗址

勒仔岭战场遗址位于茂南区鳌头镇民庆村勒仔岭。

◆勒仔岭战场遗址

勒仔岭地形险要，岭上植满勒竹和树木。1947 年 4 月 11 日，中共茂电信特派员王国强、茂电信地工委武装委员钟正书等率领茂电信独立大队 200 多人、飞马武工队 40 人在勒仔岭遭遇国民党反动清乡主任杨爱周纠集的 600 多名敌军。旋即双方进行激战，我军冲杀八次，历时 14 小时，消灭敌兵30多人。独立大队排长蔡守祥、班长蔡胜坤、战士李尚贵、香港仔、蔡寿等5人献出了宝贵的生命。我军最后冲出重围，取得了胜利，敌人恼羞成怒将勒仔岭村烧杀抢劫一空。

那际村党支部遗址

那际村党支部遗址位于茂南区山阁镇那际村下那际村民小组。

◆那际村革命旧址民居

那际村是抗日战争至解放战争时期茂名地区的革命堡垒村。1942年，共产党员李延年受中共茂电信特派员委派，回村开展抗日救亡活动。经李延年介绍，该村青年吴连、苏之越、黄仲芬，李康等相继加入党组织。是年，以李延年为书记的中共那际村支部成立。在村党支部的领导下，建立了那际村抗日游击队、武工队，抗日救亡活动空前高涨。

1944年，中共茂电信领导人钟正书率中共茂电信部分人员进驻那际村。在那际村期间，钟正书、车振伦等领导举行了烧酒抗日武装起义。

1947年7月，国民党茂名、电白两县当局调集1000余名军警,对以那际村为中心的茂南、羊角游击区进行“三月清剿”。在中共茂电信特委的坚强领导下，那际村民不畏强暴，与国民党反动派进行了殊死的斗争，保护了一大批共产党员，何文友等多名党员群众在斗争中壮烈牺牲。

◆那际村革命史迹纪念碑

姓胡村武工队活动遗址（郑金烈士故居）

姓胡村武工队活动遗址位于茂南区鳌头镇飞马村姓胡村民小组。

1941年，姓胡村青年郑金参加革命，1946年，郑金任中共茂电信独立大队飞马武工队长。在郑金的影响下，他的胞姐郑燕和同村青年郑满增先后参加革命。1947年农历10月12日，郑金营救革命战友不幸落入敌手，10月13日壮烈牺牲，其头颅被敌人砍下示众，时年24岁。其姐郑燕是中共茂电信地工委交通员，两次被捕入狱，受尽酷刑，始终坚贞不屈，于1948年1月被敌人杀害。由于郑金利用其家居与中共茂电信独立大队和飞马村武工队开展革命活动，郑金家成为姓胡村武工队活动场所。

◆郑金烈士故居遗址

“革命英雄树”遗址

“革命英雄树”遗址位于茂南区鳌头镇圩头岭。

据当地老人回忆，被称为“革命英雄树”的大榕树植于明朝末年，平时供人们赶集时在树下休息乘凉。清朝光绪年间曾有文人在树底下设桌评书。1947年农历10月11日夜，中共茂电信独立大队飞马武工队长郑金因深入虎穴营救战友梁月惨遭敌人杀害，

◆革命英雄树遗址（原树干已移入鳌头革命史迹展览馆）

被敌人割下头颅挂在鳌头圩头岭（现茂名市四中校园内）的大榕树上示众三天，梁月也在此被枪杀暴尸，妄图恐吓革命群众。但是革命志士和革命群众毫无畏惧，纷纷前来榕树下悼念革命英雄，并称之为“革命英雄树”。

因“革命英雄树”没有受到重点保护，当地群众乱伐树枝，年过一年，致使该榕树枯死。现在原树干已移入鳌头革命史迹展览馆。

朱也赤故居

◆朱也赤故居遗址

朱也赤故居位于茂南区金塘镇白土村新村村名小组。

朱也赤，原名朝柱，字克哲，是粤西最早的中共领导人和农民运动领导之一，1899年出生于茂名县进塘乡白土村的一个贫苦农民家庭。早年就读于高州中学、广东高等师范学校、广东医药专门学校。1922年他参加中国社会主义青年团。1925年参加中国共产党，改名为朱也赤。同年底受组织委派回高州城开展革命工作，任国民党茂名县党部执委。1926年任广东省农民协会南路办事处总干事、中共茂名县党支部书记、茂名县农协筹备处主任等职。

1927年“四一二”反革命政变后，朱也赤离开高州城前往广州湾，决定组织武装暴动，随即成立南路农民革命委员会，统一领导南路武装斗争。他先后任南路农民革命委员会主任、中共南路特派委员、肃清反革命委员会广东分会南路支会委员。

1927年12月朱也赤赴信宜县，组织领导怀乡农民暴动，成立了信宜县苏维埃政府。他率领起义军坚持战斗，遭到失败。1928年春返回广州湾，继续在南路特委工作。是年12月，因叛徒告密，朱也赤被捕，后押解回高州。1929年12月23日，朱也赤英勇就义于高州城郊东门岭，时年30岁。

朱也赤烈士墓

朱也赤烈士墓位于茂南区金塘镇白土村。

为纪念革命先驱朱也赤烈士，茂名化工港口公司于 1998 年修建了朱也赤烈士墓。该墓占地 10 亩，内有松柏、凉亭、墓园和烈士雕像。烈士墓周围风景宜人，交通便利，成为茂名市红色旅游景点。

◆朱也赤烈士墓

飞马革命烈士纪念碑

飞马革命烈士纪念碑位于茂南区鳌头镇飞马一村。

该革命烈士纪念碑安葬了郑奎（中共茂电信独立大队飞马村武工队第一任队长）、郑金（中共茂电信独立大队飞马村武工队队长）郑康、陈贵（武工队员）等 20 位革命烈士。

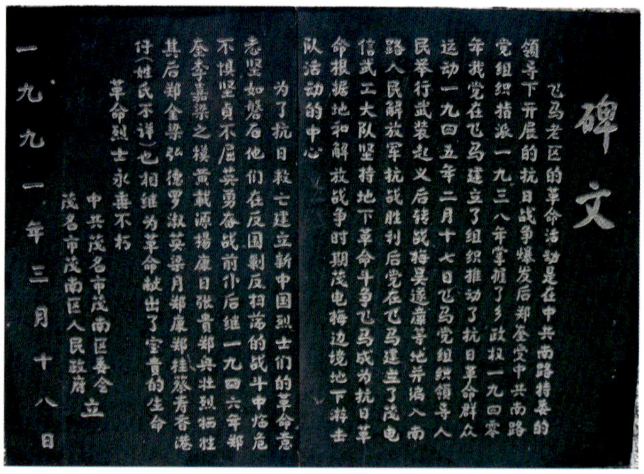

◆飞马革命烈士纪念碑碑文

飞马革命烈士纪念碑始建于 1956 年，1979 年在各级政府支持下扩建，由原茂电信武工队长郑华书写碑文，茂名市政

◆飞马革命烈士纪念碑

府、茂南区政府在纪念碑扩建落成时举行了隆重典礼。

公馆镇革命烈士纪念碑

公馆镇革命烈士纪念碑位于茂南区公馆镇圩头岭。

公馆镇革命烈士纪念碑，由公馆公社于 1959 年兴建，1963 年重修。纪念碑刻下了七位烈士的英名：招昆瑞，吴川县覃巴乡大榄甬村人、共产党员、连长；柯儒玉，化州官桥区六角乡独田村人、共产党员、连长；刘明海，廉江人，共产党员、连长；宁林兴，化州人、

◆公馆革命烈士纪念碑

共青团员、班长；梁文飞，共青团员、战士；黄文光，共产党员、班长；王亚景，共青团员、战士。梁文飞、黄文光、王亚景是北方籍烈士。这七名烈士是在解放期清匪反霸的斗争中，为保卫人民的胜利果实，为巩固新生的人民民主专政政权壮烈牺牲的。

茂名市革命史陈列馆

茂名革命史陈列馆位于茂名市人民中路茂名市博物馆内。

◆公馆革命烈士纪念碑

茂名人民具有光荣的革命传统。在第一、二次国内革命战争、抗日战争和解放战争各个历史时期，茂名人民在中国共产党的领导下，不惜抛头颅、洒热血，用鲜血和生命谱写了一部气势磅礴的革命史诗。

为缅怀革命前辈的丰功伟绩，发扬光荣革命传统，2003年，中共茂名市委党史研究室和茂名市博物馆联合建设了茂名革命史陈列馆。全馆共分为星火燎原、抗日烽烟、解放洪流、英烈永存、老区丰碑等5个部分，陈列图片约160张，实物约100件，用翔实的图片和文字介绍、丰富的文物、雕塑陈列，向广大市民群众展现了茂名人民在新民主主义革命时期前赴后继，不屈不挠，顽强斗争的光荣革命历史。

茂名市革命史陈列馆于2010年1月被茂名市委、茂名市人民政府公布为茂名市爱国主义教育基地，2011年9月被广东省委党史研究室公布为广东省中共党史教育基地。

茂名市革命烈士陵园

茂名市革命烈士陵园位于茂名市茂水路，占地面积15500平方米。

茂名历史悠久，人杰地灵，在这片广袤富饶的土地上养育了一批批优秀儿女，特别是以邵贞昌、朱也赤为代表的革命烈士，更是茂名人民的骄傲和自豪。烈士们前赴后继，忘我牺牲的革命精神，舍己为人、爱国爱家的高风亮节，以及用生命和鲜血筑就的丰功伟绩，永远值得茂名人民纪念。为纪念茂名市革命烈士，1989年，茂名市建

◆茂名市革命烈士陵园

设了茂名市革命烈士陵园。茂名市烈士陵园的落成，为深入开展爱国主义教育活动提供很好的场所，对全市人民缅怀先烈，继承先烈遗志，弘扬革命英雄主义精神具有重要的意义。

茂名市革命烈士陵园于1996年1月被茂名市委、茂名市人民政府公布为茂名市爱国主义教育基地。

◆茂名市革命烈士纪念碑

电白区

邵氏八世祖祠——白马乡农民协会遗址

邵氏八世祖祠——白马乡农民协会遗址位于电白区麻岗镇白马村，占地面积约400多平方米。

◆邵氏八世祖祠遗址

1924年5月13日，邵贞昌在白马乡主持召开农民大会，与会者逾千人。大会传达了广东省农代会精神，执行联俄、联共、扶助农工三大政策。会后，组织农运骨干张贴标语，号召“全民团结起来！”、“打倒帝国主义！”、“打倒军阀！”、“打倒土豪劣绅！”。声势浩大，一时震动全县。6月下旬，在邵贞昌等共产党员的领导下，电白县第一个农民协会——白马乡农民协会在此宣告成立，发展会员2000多人。邵以梅、邵锡琉、邵锡瑞、陈德滨、崔文佳、吴干帮、黄景荣等人加入中国共产党。1926年2月，在电城召开首次县农代会，邵贞昌当选为县农会会长。3月19日，三区农会成立，邵以梅任会长。农会组建农民自卫军，与土豪劣绅展开斗争，实行“二五减租”，拒交“民团谷”，废除苛捐杂税，多次粉碎反动势力的破坏。1927年“四一二”反革命政变后，电白农会遭严重破坏，邵以梅、邵锡瑞、邵锡琉、邵贞昌等被捕遇害。

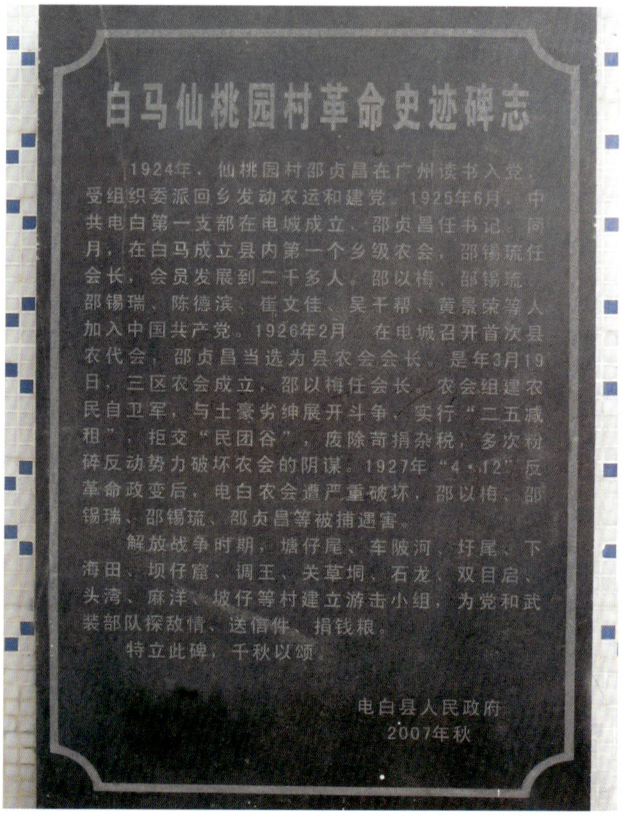

◆白马仙桃园村革命史迹纪念碑

旧址因多年失修，只留空地痕迹和半段残垣。另一处白马乡农会成员秘密集会点旧址——白马村外大榕树，长势良好，树高约 30 米，四人方可合抱。

严家祠——中共电白县支部、电白县农民协会旧址

严家祠——中共电白县支部、电白县农民协会旧址位于电白区电城镇圩。

1924 年，就读广东大学的电白籍青年邵贞昌、区就宪在广州参加阮啸仙创办的“新学生社”，随后加入中国社会主义青年团，接受马列主义教育，投身革命斗争，当年 11 月由团员转为党员。1925 年，邵贞昌、区就宪受党组织派遣回乡领导农运和建党，他们在白马、仙桃园、文峰、树仔、福船岭、长金、莘陂、黄花、儒寮、麻岗、电城、霞洞、观珠、水东、林头等 40 个乡成立农会，会员达 2 万 3000 多人，部分农会有自卫军。承德滨、黄景荣、邵以梅、邵锡瑞、崔万仕、廖殿扬、吴干帮等农运干部被吸收入党。1925 年 6 月，南路地区第一个党组织——中共电白县支部在电城严家祠成立，邵贞昌任书记。不久，党员增至 80 多人，农民运动蓬勃发展，从此，电白革命进入了一个崭新的历史时期。

严家祠于 2003 年 9 月被茂名市人民政府公布为茂名市文物保护单位。

◆严家祠全景

◆严家祠正门

◆严家祠内农会成员开会和学习的大厅

华楼堡——电白县人民抗日游击队第1中队旧址

华楼堡——电白县人民抗日游击队第1中队旧址位于电白区林头镇华楼村。

1944年11月，中共茂电信特派员陈华奉南路特委指示，布置陈广杰回家乡组建华楼游击小组，筹备抗日武装起义。陈广杰回华楼组织70多人的游击小组，收集30多支枪械。李卓儒、黄东各捐60石谷的现款作起义经费。1945年1月下旬，中共电白县特支书记庞自到华楼筹备起义，庞自、严子刚、罗英等先后到华楼堡参加起义部队。起义队伍名为“电白县人民抗日游击队第1中队”，庞自任指导员，陈广杰任中队长。1945年1月27日，华楼村地主引敌包围华楼堡，15岁的游击队员陈广位及时报告敌情，30多名游击队员撤离华楼堡，向白花岭转移，其余队员分散隐蔽。1月29日11时，大批敌兵趁夜黑摸上白花岭“围剿”起义部队，哨兵陈叔平开枪反击，战士闻讯向后山突围，陈广邦壮烈牺牲，陈广畔、陈广碧、陈广周、陈亚惠、陈守万被俘解观珠杀害。屋主陈五妹当晚被杀。游击队员陈增德、陈广安等不久被捕，遭酷刑后被害。

◆华楼堡茂电信领导居住旧址

◆华楼堡地下交通联络站旧址

◆涂锡鹏地下交通联络站旧址

中共茂电信水东特区遗址

中共茂电信水东特区遗址位于电白区城区。

1945 年 3 月，中共茂电信特派员陈华驻水东领导茂、电信三县的革命工作。9 月，划水东为特区，其范围包括水东及周边部分村镇。新和安商店、文锋书店、民生米店、梁璧住所、南海杨增家、南海小学、陈村小学成为中共茂电信和南路特委的据点或联络站。水东特区先后由中共茂电信特派员陈华、涂锡鹏，中共茂名中心县委委员林其材、郑光民领导，肩负保卫领导机关来往人员安全，做好交通联络等任务。中共茂电信特派员几次在水东特区召开重要会议。中共南路特委组织部长温焯华、中共粤桂边地委副书记、粤桂边人民解放军代司令吴有恒多次到水东布置工作，中共茂名中心县委书记王国强、委员车振伦、钟正书、钟永月等到水东特区活动。

◆地下交通联络站新和安商店遗址（杨学青旧居）

县内也围绕特区设置公益店、东安腐竹厂等据点，中共电白县委委员杨瑞芬、唐力生、邵若海等到水东特区进出于上述据点。期间，实践中学从山寮搬来水东，该校党支部派党员郑康平、梁英夫妇和杨增在实践中学任教，杨学青到电四中任校长，杨逢青、吴景晖到东阳小学任职。他们分别组织学生运动。郑溢、李匡一、谢杰等游击组员、新民主主义青年团员在水东及周边村镇积极搜集情报、筹枪捐钱、动员踊跃参军参战。

笔岭农民运动遗址

笔岭农民运动遗址位于电白区霞洞镇山石村笔岭村民小组。

◆笔岭村村貌

1925 年，笔岭村同胞兄弟崔万选、崔万佳受中共电白支部的委派，返回村中领导开展五区农民运动。在其家中和村里的庙桁屋，经常召开会议，发动群众，推动周围的农民进行减租减息，对地主、恶霸展开斗争。1926 年，电白县农会成立，崔万佳当选为县农协会干部，负责五区、七区、九区农运工作。1927 年，崔万佳领导塘涵、正源、山石等地农民逼使地主、恶霸退租。

◆笔岭村农运史迹纪念碑

赖若山公祠——河美村党支部、山寮地下交通联络站遗址

◆赖若山公祠（已拆建为山寮村文化广场）

赖若山公祠——河美村党支部、山寮地下交通联络站遗址位于电白区坡心镇山寮村河美村民小组。

1938 年 9 月，私立实践中学为确保师生安全，躲避战火轰炸，从广州市迁来电白水东复课，1939 年又从水东搬到坡心山寮河美村赖若山公祠。校方聘请李康寿、李锦波前来任教，李康寿在河美村建立革命根据地，在赖若山公祠建立了党支部，李康寿任书记。后来，党组织相继派陈擎天、邵若海、程允祯等党员到校开展学运和建立地下联络站。

1946 年冬，邵若海到山寮袂窦车村重新建立地下交通联络站，以若山小学（赖若山公祠）为中心接待来往革命人员，派地下工作者来校任教协助工作。联络站成为中共高州地委和中共电白县委领导人研究决策、部署工作、指挥革命斗争的重要据点。1948 年春，茂电信地委副书记林其材安排赖冠华竞选担任五和乡乡长，建立白皮红心政权。此后，中共党员马朝翼来山寮开展革命活动，建立了党小组和团小组；“火车头战报”也搬来这里刊印。1949 年 8 月，邵若海在山寮宣布成立粤桂边纵队第 5 支队第 13 团第 3 连，赖冠华任连长，赖邦豪任指导员。

东山村党支部遗址

东山村党支部遗址位于电白区那霍镇东山村。

1939 年，香港青年回国服务团派员到东山村宣传抗日。1943 年，中共地下党员张桂秋、吕炳玉、李维森、张杞才等人到东山村建立抗日游击小组，成立了中共党支部，张桂秋任书记。1945 年，党员吕炳玉、李维秋和王杰到东山发展抗日武装。

1947 年 5 月，中共茂电信军事特派员王国强率茂电信独立六连驻东山等地，国民党茂电阳三县反动政府调集 2000 多敌兵联合围剿，村民为六连送粮带路。1947 年，东山等村数十人参加游击小组和民兵班。11 月，中共北平区工委在东山成立，王克任书记。1948 年，东山村民多人入伍 13 团，转战他乡。同年，党组织发动东山村民开展减租减

◆东山村村貌

◆东山革命史迹纪念碑

息斗争，建立了“白皮红心”政权。东山村民长期为党和革命武装队伍捐钱、捐粮、捐枪、放哨、送情报，游击组员刘荣春、刘荣汉被捕遇害。

茂电信武工队、电白独立连成立旧址

茂电信武工队、电白独立连成立旧址位于电白区那霍镇茶山村。

1939 年，香港青年回国服务团派员进茶山宣传抗日。1945 年 1 月，中共党员郑光民组织石坦堡抗日武装起义，受挫后到茶山隐蔽。同年 8 月，郑奎大队上云潭、茶山。

1947 年 5 月，中共茂电信军事特派员王国强率第 6 连驻茶山，茂电阳三县调集 2000 多敌兵联合“围剿”，茶山群众秘密上山为 6 连送粮，带 6 连突破包围圈。7 月，国民党那霍联防队驻茶山口坡洞村和先师庙，疯狂扫荡茶山等地，茶山军民共同御敌。12 月，茂电信工委委员车振伦、钟正书在茶山狗臂垌村开茂电山区武装骨干会议。1948 年，代号“国际队”的茂电信武工队和代号“林彪队”的电白独立连在茶山成立。部队在牛蕴村集训，不久发展为 13 团。茶山村民黎光烈曾任团长，石广民等数十人参

◆茶山游击队活动旧址

◆ 2 茶山革命史迹纪念碑

加13团。1949年1月,黎光烈率武工队枪毙了国民党云潭乡反动乡长张韵笙。是年6月,王克率武工队和茶山村民30余众夜袭云潭乡公所。

电白师范附属小学——中共电白县中心支部成立遗址

电白师范附属小学——中共电白县中心支部成立遗址位于电白区霞洞镇霞洞中学。

1939年春,中共东南特委派香港青年回国服务团黄秋耘、袁惠慈、麦逢德等党员到霞洞开展革命活动。同年3月,中共高雷工委派陆新到霞洞,在电白师范附属小学(现霞洞中学)宣布成立中共电白县中心支部委员会,黄秋耘任书记,袁惠慈、麦逢德为支委。至此,中断11年的中共电白党组织重新建立。中心支委派麦逢德到电师任教,后由梁弘道接任。他们在电师、电中(现大村小学)学生中组织读书会和建立抗日游击小组,培养进步青少年入党,在霞洞、羊角、电城、沙琅、实践中学成立了5个党支部,在马踏成立了党小组,在全县掀起了抗日救亡运动热潮。1945年10月,在中共电白县特派员伍学海和霞洞特支书记崔洪的指导下,电师蔡智文、何逢益等人发动学运,以学校当局克扣学生补助粮为由,同校长进行针锋相对斗争,迫使学校补发了学生粮食。电中的崔洪、王克等人罢课两个多月,迫使国民党电白县当局取消开除学生、增收学费的决定,撤掉反动校长王汝堃,换上爱国人士蔡守棠当校长,赶走了军事教官程德胜。

◆大村小学正门

◆霞洞中学正门

◆电师、电中革命史迹纪念碑

电白抗击日寇第一枪遗址

电白抗击日寇第一枪遗址位于电白区电城镇白蕉村海岸边。

1939 年 1 月，中共东南特委以“香港学生赈济会青年回国服务团”名义，派刘谈锋等 26 人到南路地区抗日救亡，副团长黄秋耘到电白，在游击守备区指挥部任乡村工作队和干部训练班政治教官，任务是恢复重建中共电白组织，培训抗日骨干，组织抗日团体，开展游击战争。1939 年 3 月，中共电白县中心支部委员会在霞洞大村电师附小成立，黄秋耘任书记。他争取电白游击守备区副指挥何中行支持，担任游击守备区常备队中尉政治指导员，率 40 多人的加强排驻守常遭日军轰炸的电城。1939 年 7 月的一个晚上，一股日军乘橡皮艇窜到电城海岸边，用机枪扫射海边渔船和村庄。黄秋耘率部以海堤为掩护，向敌艇开火还击，日寇仓皇逃窜。这是电白抗击日寇的第一枪。

◆电白抗击日寇第一枪遗址

◆电白抗击日寇第一枪旧址纪念碑

羊角党支部遗址

羊角党支部遗址位于电白区羊角镇田心村。

1939 年 7 月，在抗日救亡运动高潮中，李延年参加了中国共产党。9 月，中共电白县中心支部派遣李延年、黄禄海回羊角、凰渐一带开展革命活动。11 月，吸收李芳等人入党并成立党小组，李芳任组长。1940 年 9 月，羊角党支部在田心村成立，李延年任书记。11 月，吸收黄成煦入党。1942 年 1 月至 1944 年，黄祖文等一批进步青年相继入党，以田心、山和、凰渐为中心的革命力量不断壮大。1944 年秋，组织起有 10 多枝枪、数十人参加的抗日游击队。1945 年 1 月，羊角党支部在李延年的田头屋研究策应华楼起义。抗战后期，羊角党支部领导农民开展“二五减租”斗争取得胜利。

霞里中共高州地委活动旧址

霞里中共高州地委活动旧址位于电白区南海街道霞里社区。是中共茂电信工委（1949 年 4 月改为中共高州地委）和电白县的主要革命据点。

1939 年末，南路特委指示各地党组织部署党员转入地下活动。1940 年秋，中共党员杨增（杨版青）按党组织计划，先以其家为据点，开展革命工作，随后把据点扩大到南海小学和杨家在水东开办的“新和安”商店。1947 年又将据点扩展到木苏村杨永程家、明久小学和水东“源盛”商店。杨增购置船只运送来往南海和水东的地下革命工作者，使南海、木苏、水东形成一个联络网。以杨增家为中心的霞里据点，成为茂电信工委的指挥枢纽。

◆霞里革命据点

中共茂电信工委多次在杨增家召开重要会议。中共茂电信特派员陈华、涂锡鹏，中共茂名中心县委

◆霞里革命据点碑志

书记王国强，委员林其材、车振伦、郑光民、钟正书等，以及中共电白县组织领导人庞达、徐东翔、黄存立、严子刚、庞自、钟永月、杨瑞芬、唐力生、邵若海等都曾在此活动和隐蔽。住进据点的上级领导人有吴有恒、左洪涛、李进阶、曾珍等。华南分局政治交通员吴德中和高州地委交通联络站站长林生常到据点开展活动。

◆霞里革命据点正门

下河游击队活动遗址

下河游击队活动遗址位于电白区马踏镇下河村。

1940 年，党组织派共产党员黄东回家乡下河村活动。翌年，黄东吸收黄履韵、杨瑞芬入党成立马踏党小组，后发展为马踏特别支部。不久，下河村有黄履川、冯有、冯评修、黄建伦等十多人参加游击小组。1945 年 4 月，因叛徒出卖，黄履韵被国民党当局拘捕，遭刑讯逼供不屈，于 1947 年 2 月被害。

◆下河村革命史迹纪念碑所在地——下河小学

◆下河村革命史迹纪念碑

1947年2月下旬，中共茂南军事特派员钟正书率茂电信六连抵马踏，于坝头坡遭200多敌人包围，毙敌一人后撤离。指导员周亮扶病作战，在底坡村冯有家隐蔽就医，2月24日清晨外出求医被捕。6月6日，冯有被捕。周、冯在敌人严刑逼供中坚贞不屈，于6月21日被害。

谭儒小学——谭儒地下交通联络站遗址

谭儒小学——谭儒地下交通联络站遗址位于电白区沙琅镇谭儒村。

1940年起，中共茂电信特派员陈华，中共电白特别支部负责人严子刚，书记庞达、庞自等领导人到沙琅镇谭儒小学开展革命活动，派中共党员邱鸿迪、李俊瑜到校任教，深入农村开展革命活动。谭儒小学成为中共电白县组织秘密联络点。1944年，邱鸿达任校长，秘密开展抗日救亡活动。

◆潭儒小学全景

◆潭儒革命史迹纪念碑

1947年4月，中共茂电信军事特派员王国强率六连攻克国民党谭儒乡公所，缴步枪6支，物资一批，处决一个特务。1948年，电白县党组织派邱鸿迪回谭儒、黄岭开辟新区，吸收邱鸿达、邱国桢、陈东、林华、石永卷等新党员和游击组员，开辟了坡富、上平山、东华等50多条村的革命根据地。

正源小学——正源地下交通联络站遗址

正源小学——正源地下交通联络站遗址位于电白区霞洞镇正源村仙桃园村民小组。

1941年至1947年，霞洞正源小学是中共电白组织联络据点。1941年至1945年，曾担任过中共电白县支部组织委员的崔万选、党员崔俊彬和进步青年王学明、张逸依、梁秉纪、陈东、刘俊才、陈广杰等人来正源小学任教，积极抗日救亡。

◆正源小学

◆正源小学革命史迹纪念碑

1946 年秋，校长崔文明，共产党员、学校教师温玉负责正源小学据点工作。1947 年夏，王杰深夜率领茂电信六连 100 多人到仙桃园村崔文明等人的家驻扎，部队撤出后，国民党派兵包围仙桃园村和正源小学，讯问了崔文明母亲和妻子。崔广书家是党组织联络点，中共电白特别支部负责人严子刚、书记庞自，中共电白特派员钟永月、中共电白县负责人杨瑞芬、党员王杰等人常来此活动。1947 年秋，进步青年崔可立任正源小学校长，崔可生等人到农村发动群众。数年间，电白党组织五任主要领导庞自、严子刚、伍学海、钟永月、杨瑞芬都曾到正源指导，在正源小学参加地下革命活动的党员、游击小组成员和共青团员达数十人。

高圳车中共茂电信工委活动旧址

高圳车中共茂电信工委活动旧址位于电白区坡心镇红十月村高圳车村民小组。

抗战期间，李嘉投身革命工作并参加中国共产党，弟弟李灏、弟媳陈惠珍、姐姐李惠秀、姐夫梁之模、表兄郑奎以及梁明、梁之梗、张平、陈叔坤等一批亲人和同学在她的教育影响下走上了革命道路。1941 年秋，中

◆高圳车村李灏旧居

共电白特别支部负责人严子刚奉命重返电白主持工作。他住进李灏家，一面在南强中学读书，一面从事革命活动。随后，南路特委和电白党组织负责人庞达、庞自以及党员骨干龙思云、罗淑英夫妇，黄泽生、黄成煦等都在这里隐蔽和开展革命活动。

解放战争期间，长期在李家从事革命活动并受到掩护的中共茂电信工委、电白县委领导人有林其材、车振伦、钟正书、杨瑞芬、唐力生、邵若海等，茂电信工委和电白县委多次在这里召开重要会议。在茂电信地工委直接部署下，李灏积极参与策动陈庚桃保九团起义和电白上层人士蔡守棠、王昌怡等的统战工作。这里还成为游击队刊物《火车头战报》的编辑部和党的文件、布告油印基地。

◆李灏旧居“中共高州地委活动据点旧址”牌匾

长山（含下山）党组织活动遗址

长山（含下山）党组织活动遗址位于电白区马踏镇长山村。

1941 年，中共马踏地区党小组在长山成立，黄东任组长，杨瑞芬与黄履韵为组员。党小组成立“青苗会”，发动群众抗丁抗税。1945 年 1 月，中共电白县特别支部领导人严子刚令杨瑞芬率游击小组于朝乌庙集结待命参加华楼起义。之后，陈东等人到长山活动，马踏游击区迅速扩大。1945 年，马踏党组织派杨瑞珍与蔡景文、邱荣成立下山党小组，杨瑞珍任组长。他们成立下山游击小组，共 20 多人。陈强、蔡亚景、蔡景昭分别任武装组、看路组、后勤组组长。同时成立了 10 多人的“姐妹会”。中共马踏特支成立后，以长山“青苗会”为骨干，组成 24 人的“电白游击队”，壮大了革命队伍。

◆长山（含下山）村革命史迹纪念碑

石坦堡——石坦抗日武装起义遗址

石坦堡——石坦抗日武装起义遗址位于电白区那霍镇长石村石坦村民小组。

1942 年，中共云潭珍珠垌支部书记张杞才和张桂秋驻石坦，吸收杨梓才、杨汝坤、杨亚兴入党，建立党小组。1943 年，成立了党支部，张桂秋任书记。1944 年，中共茂名中心县委委员郑光民受调到云潭、那霍任负责人，将石坦附近三个党支部合并为一，策划武装起义。11 月，中共茂电信特派员陈华到云潭筹划抗日武装起义。1945 年 1 月 29 日上午 9 时，集中到石坦堡的起义人员 70 多人，因敌人有备暂停起义。1 月 30 日晚 9 时，郑光民、杨进瑞率石坦游击队和泗水起义人员百多人围攻云潭乡公所，乡兵已逃。起义部队烧毁册籍文件后撤离。范式等人与乡兵遭遇，范被捕遇害。随后，国民党茂电两县反动当局军警到云潭、石坦围村，多名群众被捉，杨汝坤、杨国周被害。

◆石坦堡抗日武装起义史迹纪念碑

山和地下交通联络站旧址

山和地下交通联络站旧址位于电白区羊角镇山和村。

1940 年 11 月，黄成煦参加中国共产党。1942 年初，中共羊角支部吸收黄祖文、黄增显等人入党，成立党小组，黄成煦任组长。从始黄成煦家成为羊角地区中共地下交通联络站。中共茂电信特派员陈华，中共茂名中心县委书记王国强，委员车振伦、钟正书，中共电白特别支部负责人严子刚，书记庞自、庞达等人常到此指导工作。抗日和解放战争时期，先后有黄忠、黄高、黄望、黄添、黄烈、黄成绩、黄同、黄守全、黄繁昌、黄耀等 12 名优秀儿女参加革命工作，村中革命堡垒户达 25 户。在 1947 年至 1948 年反击国民党反动派的“围剿”中，山和村群众活捉一名国民党特务，交游击队处决。当粤桂边纵队第 6 连进驻山和村时，群众给予热情接待和帮助。

◆山和地下交通联络站旧址一

◆山和地下交通联络站旧址二

甘村游击队活动遗址

甘村游击队活动遗址位于电白区沙琅镇甘村。

抗日战争后期，由王克、蔡智文、张顺南等革命者率领的游击队在甘村开展革命活动。当时，甘村大牛范村（现已改名石陂头村）、崩塘缺村（现已改名金塘村）、秀仔角村这三条村庄的群众积极捐款捐物，给游击队送饭送信送衣，支持游击队开展对敌斗争。为了保护游击队员，村民暨尚才、周泽南、康婆、周炳南、周利英等人曾被抓捕，并经受了严刑拷打、审讯，他们意志坚强，没有出卖游击队员。

◆甘村游击队驻地及解放战争“林彪”部队驻地遗址所设牌楼

◆甘村革命史迹纪念碑

角塘游击队活动旧址

角塘游击队活动旧址位于电白区黄岭镇东华村角塘村民小组。

角塘村处在冬瓜岭半山腰，该村有三户人家。1943 年的一天夜晚，根子、泗水游击队杨正球，杨正平带领60多游击队员攻打云潭乡公所，缴获轻机二挺、步枪、短枪、手榴弹一大批，把武器带回角塘村陈其兴屋埋藏。1944年除夕，叛徒杨茂仁带根子乡兵到角塘村挖枪、抄家。他们把陈其新、陈其兴、陈朝泽捉往高州谢村祠堂设监囚禁，1945年8月陈其兴、陈朝泽被释放，陈其新在狱中不幸牺牲。

◆角塘村游击队活动旧址（陈其兴旧居）

热水洞游击队活动遗址

热水洞游击队活动遗址位于电白区那霍镇淡粉村热水洞村民小组。

1943年冬，中共党员张杞才、李维森以“看风水”为掩护，住进热水洞李明远家，秘密开展革命活动，并吸收李高汉、李明远、罗怡才入党，建立党小组，李高汉任组长。1944年冬，组建抗日游击小组，李高汉为组长，罗怡才为副组长，成员有李大喜、李明西、李明辉夫妇、李高有、邹基尚、刘有才、刘有龙、邹绍堂、李高桓、李高林、李明汉、李明德等人，缴私枪十余支。1945年1月，李高汉、罗怡才、李大喜等人参加了石坦堡起义。

◆热水洞游击队活动遗址（已建成公祠）

◆热水洞革命史迹纪念碑

1946 年初，刘绍兰率六连驻热水洞，群众积极支持。国民党联防队三次进村围剿游击队，烧毁罗怡才房屋。1947 年初，游击队主力转战外地，李高汉等留本地活动，遭国民党茂电阳三县地方团队联合扫荡。李高汉、李明远、罗怡才为掩护群众突围，被捕入狱，惨遭杀害。

中共电白县工委成立遗址

中共电白县工委成立遗址位于电白区七迳镇东寮村。

1944 年秋，中共党员谢江返东寮村组建抗日游击小组，成员有谢杰、谢雨、程霞霏、谢雷、马奇。1945 年 1 月，华楼起义受挫，陈广杰、曾贵初、程允祯、苏翠媚等人到谢杰家隐蔽。

1947 年秋，中共电白县负责人杨瑞芬到东寮村组建茂电信交通站。先后任部长的有谢杰、谢雨、谢允隆、谢平。交通员有杨坤、吴哲、李荣、陈胜。1948 年 6 月，谢深、谢杰卖田筹款带家眷到水东办“东安腐竹厂”，以厂为秘密据点接待往来革命人士。

1949 年 1 月，中共茂电信工委副书记兼组织部长林其材在东寮开会，宣布中共电白县工作委员会成立，杨瑞芬任书记，唐力生、邵福祥为委员。同年 2 月，中共电白县工委东寮村开会，宣布邵福祥任粤桂边纵队第 5 支队第 13 团政委。13 团指战员 100 多人在东寮、大塘缺、塘仔尾等村隐蔽休整。为掩护中共地下党活动，党组织派谢万隆出任国民党水东乡 14 保保长，建立白皮红心政权，继而收缴步枪、子弹一批，筹粮筹款支援游击队。

石古湾游击队活动遗址

石古湾游击队活动遗址位于电白区马踏镇石古湾村。

1944 年冬，中共马踏党组织负责人杨瑞芬来麻窄村，发展钟桂芬等 20 多人为游击小组成员。翌年春，参加华楼起义后到马踏的陈东、黄泽生、苏克、罗淑英、广西李等驻麻窄村。同年冬，中共马踏特支派杨子儒到石古湾小学任教，吸收钟桂芬、邓秀隆等人入党，成立石古湾党小组，钟桂芬任组长，在石古湾、鸡水田村建联络点，与联群、珊瑚等 40 多条村形成游击区。

1946 年冬，石古湾游击队伍星辉、钟桂芬、钟亚旺等与长山游击队 20 多人合编成“电白县游击队”。1946 年 9 月，茂电信独立大队 150 人驻石古湾，经高潭村时遭国民党地方团队围攻，激战一昼夜予敌重创后安全转移。同年冬，杨瑞芬率武工队夜袭石古湾，就地处决特务分子钟某。

◆石古湾学校远景

◆石古湾革命史迹纪念碑

古乐茂电信六连活动遗址

古乐茂电信六连活动遗址位于电白区霞洞镇古乐村。

1944 年冬，霞洞游击区领导人王杰来竹林（古乐村）的牛栏、上独竹头、下独竹头、大陂头等村开展革命活动。1945 年 1 月，华楼武装起义受挫，陈东、黄泽生等到牛栏村隐蔽。同年 7 月大衙起义，王杰奉命带十多人在牛栏村待命。

1947 年 5 月，茂电信六连到霞洞活动，两次在浮山岭击退敌军围攻。王杰率领六连战士到牛栏、独竹头、大陂头等村居住，得到群众积极支持。同年 7 月，国民党派兵扫荡竹林，王荣森被抄家，夫妇被捕入狱，王被害。1948 年 3 月后，王克、王俊、蔡智文奉命回霞洞在姓何村何安全家建立联络点，开辟游击区。1949 年春，国民党保警 20 多人扫荡竹林与牛栏村，趁圩的牛栏村民看见，即回村报信，游击队 5 人脱险。

◆古乐村革命老基地牌楼

◆竹林革命史迹纪念碑

竹林村民大力支持游击队，王荣森、何安全、蔡华英是堡垒户。蔡智文在独竹头村蔡华英家养病时，群众秘密请医送药，直至痊愈。王荣森在牢中被害，其妻坐牢坚贞不屈，出狱后遣儿王俊、女王亚蒙、女婿张坤成参加革命，并变卖仅有的十余亩祖田作游击队经费。

凰渐地下交通联络站遗址

凰渐地下交通联络站遗址位于电白区羊角镇爱群村山尾村民小组。

◆凰渐地下交通联络站遗址（李荣平旧居）

1944 年 11 月 4 日，根据南路特委组织部长温焯华的指示，以车振伦为指挥的战斗队 10 余人，前往茂西沙田大垌路铺伏击护送武器的国民党保安队。战斗结束后，车振伦到羊角镇凰渐村李荣平家长住，李荣平家成了战斗指挥部和接待茂电信党组织领导人、革命者的交通联络站。交通联络站工作人员有李荣平、黎肖冰、李佐平和黄祖耀等人。交通联络站建立后，茂电信党组织领导人梁昌东、刘炳新、严佩琼等先后在这里布置武装起义。

1945 年春节，李嘉夫妇到李荣平家与车振伦讨论武装起义事宜。春节后飞马郑奎率领 20 名乡丁，带了 7 支驳壳枪来李荣平家，参加茂电信武装起义队伍。李荣平家来住的人多了，引起国民党的怀疑。1945 年农历正月十四，李昌等 3 人到羊角乡公所开会，密谋抓捕李荣平夫妇，乡公所文书李寿汉听到开会内容，次日即去李荣平家通报情况，李荣平将情报告知车振伦，车振伦指示立即撤离交通联络站人员，并撤销该交通联络站。

红袍岭武工队活动遗址

红袍岭武工队活动遗址位于电白区林头镇红袍岭村。

1945 年 1 月，中共电白县特别支部领导华楼抗日武装起义，党员蔡智文受命在家乡联络接应。起义失败后，蔡奉特支负责人严子刚指示，回村发动抗日，创建了有蔡智南、蔡成元、蔡智伦、蔡广元等 10 多人参加的抗日游击小组，活动于木院的车仔、禾堂坡及霞洞的书房仔、西村等地。

1945 至 1946 年间，电白党组织领导人严子刚、伍学海、钟正书、杨瑞芬、钟永月、陈广杰、张顺南、何逢林等多次到红袍岭村开展革命活动。1948 年，中共霞洞区支部书记王克、庄严率武工队到红袍岭村活动，蔡智文、林立、全光朝积极配合，队伍食宿于蔡滚元、蔡成元、蔡丙元、蔡智南等堡垒户中。他们建立了以红袍岭为中心、含中田、横埇、北溪塘、田充、新圩、牛岗陂等地的游击区，发展蔡群、梁锡禄、梁亚广、陈金等游击组员。

1948 年初，敌人突袭牛岗陂，蔡智南机警绕过敌人，及时通知驻陈金家的武工队胜利突围。陈金被捕后坚贞不屈，惨遭杀害。国民党保警多次围攻红袍岭村，抢掠财物，威迫村民。村民毫无畏惧。1949 年春，蔡智南、蔡智伦、蔡广元、蔡成元、蔡富元、蔡群、梁锡禄、梁亚广等人参军参战。

◆红袍岭村革命史迹纪念碑

雷公垌游击队活动旧址

雷公垌游击队活动旧址位于电白区黄岭镇大村村雷公垌村民小组。

雷公垌是电白游击队员邱鸿迪、邱鸿达、张顺南、陈东、林元成、黄德成、石文卷等活动点，食宿都在邱鸿赞、邱鸿兴家。由于伪保长郑永东的告密，1949 年 4 月 22 日，国民党反动头子王正把中共党员、游击队通讯员邱洪赞、邱鸿兴抓走，在黄岭杀害。4 月 23 日，王正又把中共党员、联络员从油麻坡村祖堂屋捉往并押往黄岭杀害。邻村塘众游击队员彭元新亦被王正杀害。

◆雷公垌邱洪赞、邱洪兴旧居

谭黄宗祠——谭黄地下交通联络站旧址

谭黄宗祠——谭黄地下交通联络站旧址位于电白区林头镇黄阳村谭黄村民小组。

1943 年冬，中共电白县特别支部派党员何逢林、程允祯到黄阳的谭黄、洛阳、深

◆谭黄宗祠

田坑、上车、三仔车、何新、上村仔、岭仔、渡头、中间、书房下等村，开展革命活动。1945年间，在黄阳一带发展了程允政、邓文达、程永雄等10多人，建立游击小组，程允祯任组长。后在谭黄宗祠建立党的联络点，程允政以教书为掩护做联络工作。茂电信党的领导人陈华、王国强、严子刚、伍学海、钟永月、钟正书、杨瑞芬、张顺南、王杰、朱敏、邵福祥、蔡智文、崔文明等先后到黄阳开展革命活动。

1947年6月，在钟正书的指挥下，程允祯率黄阳游击小组配合茂电信武工队，活捉霞洞反动地主崔济川，缴获价值70担谷的现款作部队经费。1947年秋，国民党反动当局派兵扫荡黄阳，捕游击队员和革命群众十余人入狱，威迫利诱革命者，但他们坚贞不屈，游击队员邓文瑞被严刑逼供，惨死狱中。游击区领导人程允祯在茂名县泗水被捕遇害。

海坡地下交通联络站遗址

海坡地下交通联络站遗址位于电白区岭门镇海坡村。

1945年3月，抗日游击队小组成员杨仕森、杨仕芬、杨仕龙等人，在中共马踏党小组领导人杨瑞芬的领导下，成立海坡游击队地下交通联络站，站长杨瑞春，同时成

◆海坡地下交通联络站遗址右侧的大树已有 230 岁

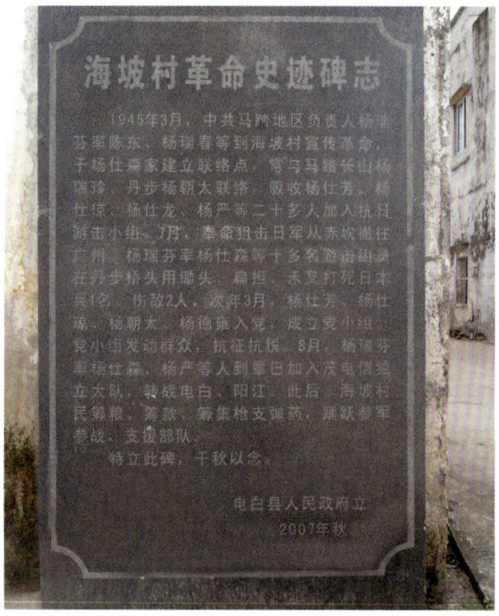

◆海坡村革命史迹纪念碑

立游击队小组，组长杨朝太、杨仕龙。1946 年 3 月，成立海坡党小组。1946 年 8 月，党小组成员在覃巴加入了茂电信独立大队。

祖岱小学——祖岱地下交通联络站遗址

祖岱小学——祖岱地下交通联络站遗址位于电白区马踏镇祖岱村。

1944 年冬，抗日游击小组成员蔡和雍、蔡名显回家乡祖岱开展革命活动，组织青年补习班，在中共马踏党组负责人杨瑞芬的领导下，1945 年 4 月成立祖岱交通联络点。

1946 年初，党组织在祖岱村建立交通联络站，站长蔡茂兰，同时成立游击小组，组长蔡庆明。该站传递搜集情报信息，是联络电白、阳江之间的通道。5 月，党组织发动群众，推举游击小组成员蔡和雍任保长，建立革命“两面政权”。6 月，由党员黄德民、蔡庆明、许达泉和蔡茂兰等人组成祖岱党小组，组长黄德民。1947 年 2 月蔡维汉、

◆祖岱村蔡名显、蔡明超旧居

◆祖岱村革命史迹纪念碑

◆祖岱地下交通联络站遗址（在祖岱小学内）

◆祖岱小学远景

蔡庆明、蔡舜青、蔡明超等人参加茂电信独立第六连，1948 年至 1949 年该村游击小组带领群众征收土豪粮税，支持部队。

该旧址共有两栋建筑——蔡氏四世祖祠、蔡氏九世祖祠。二祠并列，建筑总面积 8000 平方米，砖木结构，20 世纪 90 年代已被人为拆毁，并在原址建成祖岱小学。其中一栋建筑已无基址，另一栋尚存部分基址和半段残垣。交通站另有一间招待所，是蔡名显、蔡明超故居，约 1500 平方米，现残存面积约 40 平方米，由于年久失修，已成危房。

严垌游击队活动旧址

严垌游击队活动旧址位于电白区黄岭镇大村村严垌村民小组。

严垌村与雷公垌村是一山之隔，是游击队常住之地。由于雷公垌村被敌人破坏，游击队转移到严垌村活动，队员常驻在祝培传、祝培俊家，当日游击队开会用四方台，大凳现仍在。1948 年，祝培俊被敌人捉去并被施以电刑。为了营救祝培俊，组织花去赎金白银 50 两，祝培俊被赎出。但由于用电刑过甚，祝培俊伤势太重，不久死去。

◆严垌村祝培传旧居

◆严垌村祝锦铸旧居

垭田游击队活动遗址

垭田游击队活动遗址位于电白区黄岭镇万长村垭田村民小组。

垭田村是电白游击队杨瑞芬、张顺南、邱鸿迪、王克、陈东、邱鸿达、黄德成、黎光烈等人常驻村庄，也是游击队向地主、富农筹款、借粮的集中点。村民温佰发家成为了游击队放置粮食的仓库。1948年电白游击队成立，常有百多人到垭田游击队食宿。垭田村南边偏僻处有口水井，是游击队的常用水井，每次到来村民都积极给他们挑水、做饭。垭田游击队攻打了潭儒乡公所，活捉伪乡长陈晓典，逼着他交出驳壳枪二支、白银50两给游击队作活动经费，温立功、温伯发、温而塘、温伯兴、温义邦、温亚九、温亚十等十多人参加了游击队。

◆垭田游击队所用水井

◆垭田游击队驻村遗址

榕木坪武工队活动旧址

榕木坪武工队活动旧址位于电白区罗坑镇万坑村榕木坪村民小组。

◆榕木坪武工队活动旧址外景

◆榕木坪武工队活动旧址内景

1947 年 5 月 10 日，中共党员张桂春和那霍武工队交通员廖东光，由那霍游击队员谢克荣穿针引线，来到万坑开展革命活动。他们通过黄敦汉、冯燕云、冯燕高、冯燕怡、杨良兴、杨业兴、林本森等 30 多人，在榕木坪成立“护苗会”，以“护苗”为名向群众筹集钱粮供游击队食用，支援革命斗争，为外来的武工队放哨，传带书信、买米买菜、烧水做饭。1948 年 5 月，在黄敦汉等人的帮助下，游击队捕杀了国民党万坑村反动保长杨明兴。

下木围武工队活动旧址

下木围武工队活动旧址在电白区罗坑镇万坑村下木围村民小组。

1947 年 5 月 10 日，中共党员张桂春、那霍武工队交通员廖东关由那霍游击队员谢克荣穿针引线，来到万坑开展革命活动。他们通过黄敦汉，在其故居开展革命活动，成立民兵组织和农会，配合武工队作战。13 团 1 连与粤中 8 团 1 连奉命开往阳江经过万坑，村民为革命队伍提供粮食。

◆下木围村黄敦汉旧居内景

◆下木围村黄敦汉旧居炮楼

新田地下交通联络站旧址

新田地下交通联络站旧址位于电白区观珠镇严坑村新田村民小组。

新田地下交通联络站（王超文家）是茂电信党组织的一个革命据点。1947 年秋，电白县游击队领导王克带领游击队员 43 人到此交通站活动。随后，游击队员转移到严坑牛鼓岭蕉岭窝山洞，其间，一名游击队员送经费途经牛鼓岭下三块田时，被当地土匪杀害，抢走黄金。蓝瑞芳（王超文遗孀）因窝藏游击队员被国民党当局抓捕入狱，后获保释。

◆新田地下交通联络站旧址（王超文旧居）

◆严坑牛牯岭焦窝山洞（曾驻游击队员43人）

下坡地下交通联络站遗址

下坡地下交通联络站遗址位于电白区树仔镇莘陂村。

1948年初，中共电白县负责人杨瑞芬率王学明等到下坡村，在小学老师邵学孟家建立联络站。该站东联电城、马踏、西联林头、七迳，北联观珠。1949年秋，党组织调蔡智文任区委书记，蔡率武工队员邵耀、黄履国、王克琳、蔡绍生、廖佑、邵秀南等人活跃在登楼、下底坡、上海尾、万山等村，发动群众成立农会，抗丁抗税，收缴民枪，捉反动乡长。1949年夏，国民党保宁乡警突袭下坡村，村民邵学孟、邵若琴、邵若奇、邵文光等率村民掩护，使住在邵学孟家的蔡智文、王克琳、廖佑、邵秀南等

◆莘陂小学门楼（村内唯一保存下来的革命建筑物）

◆下坡村革命史迹纪念碑

十多名游击队员全部撤离到安全地方，避免了国民党对革命党人的屠杀。

棠芾新祠——棠芾起义遗址

棠芾新祠——棠芾起义遗址位于电白区观珠棠芾村办公大楼东面。

1948年秋，棠芾村刘沛饶因不满国民党县政府统治，被撤销乡长职务，并被捕入狱，险些丧命。后目睹全国解放战争节节胜利，观珠游击区迅速发展，加上其襟兄梁国杰进步思想影响，逐步倾向革命。中共茂电信工委副书记林其材，委员车振伦指示中共电白县工委副书记杨瑞芬、委员王学明蔡智文做刘沛饶的策动工作。刘沛饶经党组织交谈和政策教育，于1949年4月，毅然拿出从高州根子亲戚处取回的轻机枪一挺、子弹几百发和家藏步枪十余支，率领其旧部刘彪、刘沛裕、刘沛辽、刘济义、刘沛进等农民积极分子20多人，在棠芾新祠集中宣布起义。后由中共电白工委委员蔡智文、中共霞洞区支部书记王克带领武工队护送起义队伍参加县武装独立连。刘沛饶妻子陈相和留守棠芾开展游击活动，后被捕入狱。刘沛饶部武装起义扩大了影响，推动了棠乡乡长王栋也宣布起义。

◆棠芾地下交通联络站旧址（刘沛业旧居）

◆刘沛饶旧居旧石磨（当年用于磨豆浆等供游击队饮用）

旱坪战场遗址

旱坪战场遗址位于电白区观珠镇旱坪村。

1948年，党组织派王学明、李新民开辟了旱坪游击区。1949年，温业荣、邓勋、谢克明、邓素芬、陈国华等以陈灼辉家为联络点，活动在周边山村。随后，电白县委调黄祖文任华东区委副书记、何强任武工队副队长，他们于1949年9月28日，在旱坪村陈灼辉家遭国民党电白县自卫总队百余人夜袭，被迫突围。黄祖文、何强、卢松仔、陈什林4人中弹牺牲；何燕兆右手被打断，被敌兵用刺刀捅死。小交通员林兴烧毁文件后，化作放牛仔出门，瞒过了敌人。为纪念牺牲的五名烈士，当地在旱坪战场遗址附近修建了五烈士纪念碑，供后人瞻仰。

◆旱坪战场遗址五烈士纪念碑

木等地下交通联络站遗址

木等地下交通联络站遗址位于电白区七迳镇木等村。

1948年冬，中共电白县负责人杨瑞芬派谢杰到木等村组建交通站和建立游击区（交通站设在村民谢益隆家）。谢杰任站长，交通员有李荣、谢开德、谢英隆、谢益隆、谢真。游击区扩展到周边10多条村庄。

◆木等村革命活动旧址

1949年7月，粤桂边纵队第13团指战员100多人在木等及水秧根村岑晚的大屋里集中休整学习一个多月。同年8、9月间，中共茂电信工委和电白县领导人在木等开会整风，到会30余人，历时40余天。会议期间，木等交通站人员和附近村民做了大量保卫和接待工作。

邵贞昌故居

◆邵贞昌

邵贞昌故居位于电白区麻岗镇正源村仙桃园村民小组。

邵贞昌，广东电白县麻岗镇仙桃园村人。1918 年至 1922 年，就读于电白中学，后赴广州求学。1924 年 5 月，邵贞昌与电白籍同学区就先受组织派遣，从广州回到电白，分别在白马、仙桃园、电城等地进行革命活动，先后发动邵以梅、黄景荣等 17 人组建农民协会。5 月 1 日，广东省第一次农民代表大会在广州召开，邵贞昌以电白县农民代表的身份参加大会。5 月 13 日，他在白马乡主持召开

◆邵贞昌故居残壁

◆邵贞昌故居（历史照片）

农民大会，与会者逾千人。大会传达了省农代会精神。接着，在电城、树仔、霞洞、观珠开展活动，秘密筹建农民协会。6 月下旬，在邵贞昌等共产党员亲自领导和精心组织下，电白县第一个农民协会——白马乡农民协会宣告成立。1926 年春，电白县农民代表大会在电城召开，正式成立电白县农民协会，邵贞昌当选为会长。1925 年 6 月，中共电白县第一个支部在电城诞生，邵贞昌被推选为支部书记。1927 年“四一二”反革命政变后。电白县国民党反动派于 4 月 22 日大肆逮捕共产党员、农运骨干，邵贞昌被捕。1928 年 3 月，邵贞昌在广州北街惨遭敌人杀害，年仅 24 岁。

杨瑞芬故居

杨瑞芬故居位于电白区马踏镇长山村姓杨村民小组。

杨瑞芬（1918—2003），电白县马踏人，电白师范毕业。1940 年参加革命，历任

◆杨瑞芬故居俯瞰

◆杨瑞芬故居内景

电白游击队负责人、电白县地下党负责人、电白县工委书记、电白县人民政府首任县长、湛江专署水利局长等职。

杨瑞芬是杨氏家族的祖居，始建于1850年前后，是一座纵横数十米，深宅大院的砖木架构古建筑群。故居主体建筑位于大院西北侧，屋顶为悬山顶，面积大约为700平方米。该建筑结构比较独特，坐西朝东，面阔五间，进深三间。主要部分为国字形四合院式，横向分布着四个大小院落。该建筑墙体较结实，门楼和国字形四合院部分房屋经过修葺，基本保持了原貌，在门前大红灯笼的衬托下显得古色古香。

张顺南故居

张顺南故居位于电白区霞洞镇石顶村下坡村民小组。

张顺南1944年参加革命。早年在电师就读时从事革命活动，后参加电白县地下武装部队，先后任中共茂电信独立第六连副指导员、独立连（林彪队）指导员。南北转战，队伍越战越强，多次打破国民党军警的围剿。1949年初，国民党军队将其父张金才抓走，并派兵驻进张家四合院，还悬赏通缉张顺南，张金才后来死于狱中。

◆张顺南故居

解放后，张顺南曾任哈尔滨工学院航空系政委、中山大学人事处处长等领导职务。

梁之模、李嘉烈士墓

梁之模、李嘉烈士墓原在阳西织箦，1984年4月，电白县人民政府将其迁至电白县革命烈士陵园。

◆梁之模、李嘉烈士墓

梁之模，吴川市兰石镇人，1918年出生，中共党员。1935年在广州读书期间，参加“一二·九”抗日救国运动。1939年在中山大学毕业后，在广州、高州城、吴川等地开展宣传马列主义活动，并在高州城、信宜、阳江等地中学任教，曾任《高州民国日报》总编。

李嘉，女，电白县坡心镇人，1918年出生，中共党员。1935年至1937年先后在茂南中学、茂名中学读书。1938年至1940年先后参加张炎将军“战时妇女服务队”、“广东省第十一区游击干部教导队”、“广东省妇女干部培训班”、“游击干部补训班”。1940年4月加入中国共产党。1941年先后任高州女子师范党支部书记、茂名中心县委妇女工作组组长。

◆梁之模、李嘉烈士生平简介

1945年2月，梁之模、李嘉参加茂南烧酒抗日武装起义，梁之模参与政治处宣传工作，李嘉为后勤处副主任。起义失败后，梁之模、李嘉夫妇于1946年2月在阳江被捕，英勇就义，时年均为28岁。

该墓碑于2006年3月重修，被电白县人民政府公布为电白县文物保护单位。

李振成烈士墓

李振成烈士墓位于电白区羊角镇爱群塘角窿岭。

◆李振成烈士墓

李振成（1912—1948），男，羊角爱群高坡顶村人，1944年参加革命游击队，1948年12月在羊角被敌人杀害。

1947年，王正率国民党部队在电白对革命游击区进行疯狂围剿。在王正的一次围剿中，游击队员李振成在羊角圩被捕。1947年农历十月初三日，敌人把李振成押在羊角旧车站附近的荒坡上杀害。王正全县疯狂扫荡，共杀害了革命者19人、无辜群众12人，有100多群众被抓去坐牢，惨遭逼害。

李振成烈士牺牲后，尸体葬于羊角爱群塘角窿岭。当地政府为其建成土坟，并于1995年立起了“李振成烈士之墓”的水泥碑。

李泮澜烈士墓

李泮澜烈士墓位于电白区羊角镇爱群大头岭。

◆李泮澜烈士墓

李泮澜（1901—1948），又名李信，羊角爱群车田屋村人，是粤桂边纵队第6连的队员。

1947年8月期间，羊角游击队武工队长黄成熙动员周林、周国强、李泮澜等人，前往化州、廉江游击区，扩充第六连的力量。1948年，第六连接受新的任务，由廉江开往江门地区，与东江部队会合，途经信宜、罗定、新兴等地，最后参加解放江门市，接收旧政权。

李泮澜于 1948 年在新兴县的一次战斗中英勇牺牲，敌人把他的头割下示众，当地群众把他尸体埋葬。

解放后，为纪念李泮澜烈士，当地政府在其家乡附近的大头岭上建起土坟并立起“李泮澜烈士之墓”石碑。

电白县革命烈士纪念碑

电白县革命烈士纪念碑位于电白区水东镇东阳北街社区居委会东湖公园内。

纪念碑碑身为花岗岩石结构，六角形平台，八级阶梯，四周筑水泥栏杆，两边里有一对石狮，中立正方形碑座，高 1 米；碑身梯形，高 9 米。碑文简述电白县革命志士在中国共产党的领导下，在第一次国内革命战争、第二次国内革命战争、抗日战争、解放战争各历史时期为挽民族危难、救大众于水火，赴汤蹈火、前仆后继的英雄业绩。

纪念碑始建于 20 世纪 60 年代，电白县委、电白县人民政府于 1984 年夏重立碑。纪念碑整体保存好，由于自然及人为因素，碑刻有些字迹模糊，石狮有残缺。

◆电白县革命烈士纪念碑

华楼抗日武装起义纪念碑

华楼抗日武装起义纪念碑位于电白区林头镇华楼村合丫河村民小组。

◆华楼抗日武装起义纪念碑

1944年11月，中共茂电信特派员陈华奉南路特委指示，布置陈广杰回家乡组建华楼游击小组，准备抗日武装起义。陈广杰回华楼组织70多人的游击小组，收集30多支枪械。李卓儒、黄东各捐60石谷的现款作起义经费。1945年1月下旬，中共电白县特支书记庞自到华楼筹备起义，梁之梗、严子刚、罗英、陈东协助，陈叔平、崔明、苏克、郑学海、李佐平、邓锦初等先后到华楼堡参加起义部队。起义队伍名为“电白县人民抗日游击队第1中队”，庞自任指导员，陈广杰任中队长，陈交德、陈广安、陈广维、陈广立任小队长。严子刚到羊角、林头、马踏，李佐平到凰渐，何逢林、蔡智文在各自家乡，分头联系周边游击小组，待命支援起义。1945年1月27日，华楼村地主引敌来包围华楼堡，15岁的游击队员陈广位及时报告敌情，30多名游击队员撤离华楼堡，向白花岭转移，其余队员分散隐蔽。29日11时，大批敌兵趁夜黑摸上白花岭“围剿”起义部队，哨兵陈叔平开枪反击，战士闻讯，速向后山突围，陈广邦壮烈牺牲，陈广畔、陈广碧、陈广周、陈亚惠、陈守万被俘解观珠杀害。屋主陈五妹当晚被杀。游击队员陈增德、陈广安等不久被捕，遭酷刑后被害。

赤岭革命烈士纪念碑

赤岭革命烈士纪念碑位于电白区马踏镇马踏赤岭。

◆赤岭革命烈士纪念碑

该纪念碑坐南向北，方柱形，通高5米，宽1.6米，水洗石米饰面，用木切割“革命烈士纪念碑”七个字钉在碑正面，下方镶嵌碑刻，碑的背面下方镶嵌一块云石，上刻烈士名录。纪念碑整体保存较好，“碑”字残缺，碑刻字迹模糊。纪念碑地基分三层六边形，面积约19平方米，水泥硬地。该纪念碑是为了纪念抗战时牺牲的25位革命烈士，有重要的革命纪念意义。

霞洞革命烈士纪念碑

霞洞革命烈士纪念碑位于电白区霞洞镇高莲岭。

霞洞是电白县在抗日时期、解放战争时期的中心地带。在革命战争年代，大批霞洞子弟投身民族和阶级斗争的前列，为中国革命事业作出贡献。在革命斗争中，为独立解放而英勇献身的烈士有王杰（王鸿运）、唐华胜等。改革开放后，在茂名市老促会的支持下，霞洞镇人民政府在高莲岭修建“革命烈士纪念碑”一座，碑下埋有王杰、唐华胜等英烈之遗骸。

◆霞洞革命烈士纪念碑

黄阳革命烈士纪念碑

黄阳革命烈士纪念碑位于电白区林头镇黄阳村洛阳村民小组。

◆黄阳革命烈士纪念碑

◆程允祯烈士墓

纪念碑坐北向南，全高 5.1 米，宽 1.36 米，纪念碑为方尖碑，水洗石米饰面，边框贴红色瓷砖，正面“革命烈士纪念碑”七字为水泥倒模成凸状。基座用砖砌筑，水洗石米饰面，镶嵌有“革命烈士程允祯同志纪念碑”，1997 年冬立。

程允祯，电白县林头镇洛阳村人，1922 年生，1934 年加入中国共产党，1947 年在茂名县深垌村参加茂电信地工委会议，不幸被捕牺牲，年仅 25 岁。

坡心镇革命烈士纪念碑

坡心镇革命烈士纪念碑位于电白区坡心镇供电站后。

第一次国内革命战争时期，坡心的仁人志士，发动广大民众，建立农民协会，开展反帝反封建斗争。抗日战争时期，坡心的共产党员、爱国人士和境内的实践中学、南强中学的革命师生，开展如火如荼的抗日救亡运动。解放战争时期，大批共产党员、青年团员和地下工作者，在坡心建立和扩大党团组织、革命据点、武装队伍，开展轰轰烈烈的地下革命、武装斗争、策反工作。坡心动员党团员、游击队员、青年农民和当地起义乡兵等 100 多人参加粤桂边纵队第 5 支队第 13 团，组建第 3 连，为解放电白人作出卓越的贡献。

◆坡心镇革命烈士纪念碑

◆坡心镇革命烈士纪念碑碑文

在抗日战争和解放战争中，坡心许多党员、干部和人民群众，艰苦奋斗，前仆后继，为国捐躯，成为光荣的革命烈士。为了缅怀革命烈士的丰功伟绩，坡心镇政府于 2000 年 4 月修建了坡心革命烈士纪念碑。

羊角镇革命烈士纪念碑

羊角镇革命烈士纪念碑位于电白区羊角镇羊角中学。

1939年9月，中共电白县中心支部派遣党员李延年、黄禄海回到羊角开展革命工作。他们在田心、山和、凰渐、黄塘窿等村组织“读书会”，吸收黄成煦、黄祖文、李芳、李鹤年、李立兴、李鹏翔等入党，成立党小组和党支部。中共茂电信特派员陈华，中共茂名中心县委委员车振伦、钟正书，中共电白特别支部书记庞自、庞达等常到此指导。5年时间，据点扩展到沙田坡、上崩塘、石曹、南香等140多条村庄。

◆羊角镇革命烈士纪念碑

◆羊角镇革命烈士纪念碑碑文

1947年5月，中共茂电信军事特派员王国强率领游击队“六连”回师羊角，在马头岭重创敌人。国民党反动派对羊角地区革命活动恨之入骨，集中上千兵力围剿。1947年8月至1948年6月，党组织成立武工队反围剿。敌人“扫荡”期间，王杰、周文才、李振成、李文光、何文友、罗淑英、林仕发、杨华、谭汝灏、谭汝章等10名志士和群众在羊角地区为革命牺牲。在外地为革命牺牲的羊角群众有周嗣芳、黄广华、李信、李平年、黄祖文5人。

华楼起义革命烈士纪念碑

华楼起义革命烈士纪念碑位于电白区林头镇华楼村稔窝田村民小组白花岭顶。该纪念碑坐北向南，高3.6米，宽0.86米，占地总面积80平方米，纪念碑为方尖碑，水泥饰面，碑为黑色花岗岩，阴刻“华楼起义革命烈士纪念碑”，基座用砖砌筑，水泥饰面，镶嵌有华楼起义碑刻。

◆华楼起义革命烈士纪念碑

电白县革命历史纪念馆

电白县革命历史纪念馆位于电白区旦场镇松山中小学生社会实践基地。

◆电白县革命历史纪念馆远景

电白县革命历史纪念馆于 2011 年 6 月 12 日开馆，占地面积 2989 平方米，建筑面积 2130 平方米，总投资 420 多万元。馆内有 615 张历史图片，60 件实物和 4 组雕塑，共分成革命星火、抗日烽火、解放洪流、革命英烈、老区人民的奉献和继往开来等六大展区。

电白县有着光辉的革命历史。1925 年 6 月，邵贞昌、崔万佳、李嘉等革命先烈在电白严家祠成立南路地区的中共第一个支部——电白县支部。抗战时期，电白县成立民众抗日统率委员会和民众抗日游击指挥部，打响了南路抗日第一枪，并成立“抗日锄奸队”、“抗日服务队”等抗日群众组织。解放战争时期，中共电白县党组织大力发展人民武装力量，不断巩固和扩大游击根据地，同时加强对学生爱国民主运动的领导，加强地下革命活动据点的建设和开辟新据点，形成了第二条战线。在南下解放军的大力支持下，电白民众依靠自己的武装力量解放了电白全境，并支援解放海南岛，为新中国的诞生作出重大贡献。

电白县革命历史纪念馆于 2013 年 12 月被广东省委党史研究室公布为广东省中共党史教育基地。

信宜市

怀乡起义指挥部旧址

◆怀乡起义指挥部旧址

怀乡起义指挥部旧址位于信宜市怀乡镇怀乡中心小学。

1927年12月，根据中共中央“八七”会议关于“发动武装斗争，进行土地革命”的总方针，中共信宜县委按照中共广东省委指示，在中共南路特委常委朱也赤、中共信宜县委书记罗克明的领导下，举行了震撼粤西地区的怀乡起义。怀乡起义指挥部设在怀乡小学内的一座小楼里，部署整个起义的战斗计划。12月15日夜，200多名起义军从四面包围国民党二区区署及区团练局。16日凌晨1时，朱也赤率25名突击队员击毙敌哨兵，攻入区团练局活捉国民党区长周植盛，命令周植盛叫开区署大门，俘虏区兵10多名。16日早上，

◆信宜市文物保护单位牌匾

◆茂名市文物保护单位牌匾

起义军张贴布告、标语，向群众宣传党的主张；中午，召开怀乡民众大会，宣布成立怀乡区苏维埃政府。四天后，国民政府纠集军警、民团清剿起义军，起义军转战白坭埇、洪冠、云开、钱排、达垌半年多。后因强敌追剿，信宜县委决定分散隐蔽，待机活动。

怀乡起义指挥部旧址于 1983 年 12 月被信宜市人民政府公布为信宜市文物保护单位，1998 年 2 月被茂名市人民政府公布为茂名市文物保护单位。

信宜第 12 团成立遗址

信宜第 12 团成立遗址位于信宜市平塘镇罗罅村锡坪山。

◆十二团成立遗址全貌

◆十二团成立旧址纪念碑

1947 年 6 月，中共茂名中心县委指示下属各县要大力发动群众，扩大武工队，尽快重建武装部队。1948 年 11 月，由中共茂西北区委负责，组建了茂名县独立大队（代号“大钊”大队）。1948 年 12 月，中共信宜县委组建了信宜独立大队（代号“若飞”大队）。1949 年 3 月，“大钊”大队进入云开与“若飞”大队一起活动，中共茂电信工委决定将两个大队 300 多人扩编为信宜第 12 团，在罗罅村锡坪山宣布成立，团长梁甫，政委梁景燊，副团长刘绍兰，参谋长李振荣，政治处主任罗强，这是中国共产党在茂电信地区领导武装斗争以来建立的第一个建制团。1949 年 5 月，中共高州地委决定把信宜第 12 团组编为中国人民解放军粤桂边纵队第 5 支队第 15 团，团长兼政委全国明，副团长刘绍兰，参谋长李振荣，政治处主任罗强，辖 3 个主力连和 4 个大队，1949 年 10 月全团有指战员 1300 多人。解放战争期间第 15 团与敌人共发生大小战斗 40 多次，歼敌百余名，俘敌 600 余名。

1949 年 10 月 22 日，第 15 团与陈赓桃起义部队并肩战斗解放信宜县城，为信宜的解放事业及巩固人民政权做出了不可磨灭的贡献。

粤桂边纵队第 5 支队司令部遗址

粤桂边纵队第 5 支队司令部遗址位于信宜市怀乡镇中垌村。

1949 年 3 月，中共粤桂边区委决定在茂电信地区组建中国人民解放军粤桂边纵队第 5 支队，下辖 13、14、15 等三个团，任命王国强为司令员兼政委，陈兆荣为副政委

◆粤桂边纵五支队司令部遗址

◆粤桂边纵五支队司令部旧址纪念碑

兼政治部主任。中共高州地委决定，电白县组建 13 团，茂名县组建 14 团，信宜县组建 15 团。1949 年 5 月，在信罗边境的水摆村宣布成立中国人民解放军粤桂边纵队第 5 支队，司令部设在信宜怀乡中垌廖育万家。解放战争时期，中垌村是信宜地下党活动中心。当地群众为 15 团筹枪筹粮，为部队站岗放哨，掩护革命同志。第 5 支队成立初期，在信罗边境水摆村等地与三罗支队 14 团并肩战斗，13 团则转移到阳江配合广阳支队八团作战。随后，3 个团分别转入茂电信三县活动并逐渐扩大队伍。至 1949 年 11 月茂电信三县全面解放时，第 5 支队共有指战员 3400 人、机枪 30 挺、迫击炮 10 门、长短枪 3000 多支，作战 120 余次，歼敌 500 人、俘敌 1200 人，争取国民党军队 2000 多人起义（投诚），为茂电信地区的解放事业作出了巨大贡献。

“辰站”地下交通联络站旧址

“辰站”地下交通联络站旧址位于信宜市北界镇罗竹村。

1948 年秋冬，中共“长春区”区委委员陈彪经中共信宜县委委员、“长春区”区

◆“辰站”遗址（黄裕文旧居）

◆罗竹村革命史迹纪念碑

委书记张虎批准，在罗竹村黄裕文家建立地下交通联络站（代号“辰站”），黄裕文为站长。“辰站”西通广西北流大伦黄河交通站，南连北界桃子交通点，东联北界六训（现罗汉村）交通点，北连高坡六利、石头坡交通点，曾安全接送信宜县委领导人郑光民、全国明抵达目的地，是“长春区”区委领导人张虎、陈彪、汤志道的常驻地，是外地已暴露革命身份的潘家雄、潘斌修，陈于海、李耀凤、卢鸿佳、卢鸿华等人的掩蔽点。“辰站”发动群众，解决了张虎率领的白马大队的吃住问题，还筹集枪支 13 支、弹药、粮食、棉布一批，支援前线。

"天站"地下交通联络站旧址

◆"天站"旧址（李大荣旧居）

◆"天站"革命史迹纪念碑

"天站"地下交通联络站旧址位于信宜市东镇街道陂底铺村。

1949年3月，中共信宜县委在陂底铺村李大荣家成立地下交通联络总站（代号"天站"），站长先后为莫伟光、黎冠高，主要任务是承接上级和各地下交通站的情报，转发到"地站"、"日站"、"月站"、"星站"和"辰站"等地下交通联络站，并接待来往的地下工作人员。"天站"在党员汤志道、谢树权的帮助下，积极发展党团组织和游击小组。1949年2月和5月，"天站"先后建立党支部和团组织，蔡逢海为党支部书记，有党员5人、团员4人。1949年6月，成立游击中队，李自强为中队长，李大荣为指导员，有队员100多名、枪支50多支。中共信宜县委在蔡日胜、李大荣、李自强、谢厚初、蔡日进家分别举办区级领导和党员、团员训练班，为接管各级政权做好干部安排，并在"天站"成立地下出版处和15团文工团，印发宣传全国解放形势和党的方针政策的报刊。1949年10月22日，信宜县城解放，"天站"奉命组织队伍配合信宜县武装力量解放六承上乡和六承南乡，缴获步枪40支、子弹2000多发、手榴弹50多颗，顺利接管了两乡政权。

茶垌岭战斗遗址

茶垌岭战斗遗址位于信宜市白石镇扶龙村茶垌村民小组石山顶。

1949 年 9 月 8 日拂晓，粤桂边纵队第 5 支队第 15 团设在茶垌村的排哨发现并击退了一小股追踪的敌人，团长全国明意识到大敌在后，紧急集合队伍抢占茶垌岭主峰。队伍开拔之际，制高点被敌人抢占。9 月 8 日上午 10 时，全国明率“博古”连主攻，副团长刘绍兰率“大钊”连、参谋长李乐率“叶挺”连从两侧偷袭，很快夺回了制高点。15 团 300 多官兵从制高点向有利作战的三个山峰分散转移。国民党信宜县自卫总队第 1 营联合乡兵、保丁 500 余人向 15 团三个阵地展开猛攻。下午 4 时，15 团官兵击退了敌人两次冲锋，但敌人凭优势兵力向 15 团主阵地步步逼近。刘绍兰、李乐放弃两个阵地，率队从两侧向主阵地靠拢，经半小时激战，又把敌人赶下山腰。全国明命刘、李率两个连队交替撤退到中垌待命，自率“博古”连殿后。战斗异常激烈，“博古”连连长黄国炳身负重伤，廖全万等 7 人牺牲。指导员宋志良安排全国明等人撤离阵地，自己独自断后，他击退敌人多次进攻后，忍着伤痛从海拔 1200 米的山顶返回部队，被誉为“独胆英雄”。

◆茶垌岭战斗遗址（石山顶）

◆茶垌岭战斗旧址纪念碑

锦衣桥头战斗遗址

锦衣桥头战斗遗址位于信宜市洪冠镇黑角电站坝底下游 100 米。

为粉碎国民党信宜县自卫总队妄图集中优势兵力剿灭 15 团的阴谋，粤桂边纵队第 5 支队第 15 团决定撤离云开根据地，向敌人力量薄弱的西南方向转移。1949 年 9 月 7 日清晨，15 团即将抵达锦衣桥头时，发现河对岸有一个连的敌人开拔过桥。团长全国明、副团长刘绍兰当即命令“博古”、“叶挺”、“大钊”三个连队分别从锦衣河上游、锦衣桥、锦衣河下游冲杀敌人。顿时，杀声大作，敌人溃不成军。这场战斗仅用时 20 多分钟，毙敌 7 名，俘敌 40 余名，缴获武器弹药一大批。

◆锦衣桥头战斗遗址

◆锦衣桥头战斗旧址纪念碑

榕垌小学——榕垌地下党活动遗址

榕垌小学——榕垌地下党活动遗址位于信宜市茶山镇榕垌村榕垌小学，前身是榕秀中学，后改建为榕垌小学。

1944 年，中共党员杨立展回乡后与党员冯宗基、杨志平、丘壁坚、朱作彦到榕中、榕小任教，秘密开展革命革命活动。粤桂边纵队第 5 支队联络员陆明章来茶山开展革命活动时，成立茶山地区党支部，杨万燊、黄源传、杨叙庆任支部委员。支部以榕秀中学为据点，积极进行革命活动，在学校和农村先后发展党员、游击队员数十人。党员有黄权芳、吴承孚、邝福基等，游击小组有杨立浩、杨万翠、杨兰华、杨茂桂、韦家英、黄国柄、刘其昌等。同时，在亚鹅坪设立地下交通联络站，吸收杨慧敏、杨永生、

◆榕垌小学校园内景

◆位于榕垌小学内的榕垌村革命史迹纪念碑

杨天昊、杨活生等参加革命。

信宜怀乡起义纪念室

信宜怀乡起义纪念室位于信宜市怀乡镇怀乡中心小学。

1927 年 12 月，在中共南路特委常委朱也赤和中共信宜县委书记罗克明组织下举

◆怀乡起义纪念室

◆怀乡起义纪念室牌匾

◆怀乡起义纪念室室内布展

行的怀乡起义，夺取了怀乡区政府，成立了怀乡苏维埃政权，开创了共产党领导的粤西革命武装斗争壮举。由于怀乡起义指挥部旧址年久失修，无法承办大型纪念活动，2006年5月，中共茂名市委党史研究室、茂名市老促会经请示茂名市委批准后，成立茂名市建设怀乡起义革命纪念室领导小组，负责怀乡起义纪念室选址设计、撰文绘画、筹集资金等工作。在多方支持和努力下，2007年12月，怀乡起义纪念室建成投入使用。

信宜怀乡起义纪念室于2010年1月被茂名市委、市人民政府公布为茂名市爱国主义教育基地。

信宜市革命烈士陵园

信宜市革命烈士陵园位于信宜市区锦江河畔，建于1981年，旨在纪念信宜市第一次、第二次国内革命战争、抗日战争和解放战争中牺牲的革命烈士。

陵园坐西南向东北，背靠江滨路，面向解放街。园内主要建筑有：革命烈士纪念碑、怀乡起义纪念亭、桄榔起义纪念亭。革命烈士纪念碑为长方柱体、“向天锥”造型，钢筋水泥结构，矗立于方式台基地上。围栏齐整，庄严肃穆，雄伟壮观。碑正面刻“革命烈士永垂不朽”，背面刻“浩气长存”，均为广东著名书法家麦华三手书，碑上刻有280多位革命烈士的姓名，1996年，革命烈士纪念碑迁建于长山岭；怀乡起义纪念亭位于革命烈士纪念碑右前

◆桄榔起义纪念亭

方，为纪念怀乡起义而建。该亭为六柱脊双层歇山顶，飞檐翘角，圆柱上的对联为“怀念志士鞭妖挞魔，乡振英风荡古迴今”，横额“怀乡起义纪念亭”；桄榔起义纪念亭位于革命烈士纪念碑左前方，为纪念桄榔起义而建。该亭结构布局与怀乡起义纪念亭相同，横匾题“桄榔起义纪念亭”，两柱对联为“桄榔东西燃星火，云开南北漫硝烟”。

靖平桥——纪念闵靖平烈士旧址

◆靖平桥

靖平桥位于信宜市水口镇大甲村荔枝村民小组。

闵靖平，1893年出生于一个农民家庭，幼时父母双亡，由叔嫂抚养。1926年秋，闵靖平结识了中国共产党党员梁泽增，梁介绍他与中共南路特派员黄学增认识，黄委派闵靖平到信宜县龙水乡（现在信宜市水口镇双山、都龙、大甲等地）负责农民运动。他广泛开展宣传发动工作，向农民讲述办农会的宗旨，号召农民团结起来，打倒土豪劣绅。是年底，成立龙水乡农民协会，闵靖平被选为主席。1927年，闵靖平多次领导农民代表前往龙水乡分局（今水口镇双山小学）清算甘雅轩、甘景周经理的公款账目，将他们贪污勒索的罪行公之于众。1927年“四一二”反革命政变发生后，龙水乡农会被迫解散，闵靖平继续暗中联系会员，到外地进行革命活动。是年

◆靖平桥碑亭

◆靖平桥碑文

12 月中旬，他参加中共信宜县委领导的怀乡起义。后来，他按照信宜县委的指示，回到龙水乡秘密进行革命活动。1928 年初，闵靖平不幸被敌人逮捕，被押往镇隆圩尾杀害。1993 年，为纪念革命烈士闵靖平，当地群众建成了靖平桥。

罗汉烈士纪念亭

罗汉烈士纪念亭位于信宜市北界镇罗汉村。

◆罗汉烈士纪念亭

◆罗汉烈士纪念亭碑文、曾培棠烈士纪念碑碑文

罗汉，原名罗宗惠，信宜县北界镇罗汉村人，中国共产党党员。1949 年春，罗汉奉命回到信宜县，参加中共领导的革命武装斗争。根据中共信宜县西区区委决定，他和李雄等人组建起一支 15 人的短枪队，罗汉任代理指导员。1949 年 7 月下旬，罗汉等率领信宜西区短枪队，与中区区队一起，外攻内应，一举占领信宜县万安乡（今安莪乡）乡公所。同年 8 月 5 日，罗汉与信宜县西区区委副书记简常、短枪队队长李雄等在东镇镇木洞口伏击里村乡（今尚文村）自卫队一个班，俘敌 11 人，缴获步枪 6 支，子弹 300 余发，并当场处决了十七保反动保长。1949 年 10 月 5 日，罗汉率领短枪队参加由粤桂边纵队第 5 支队第 15 团副团长刘绍兰指挥的龙湾头伏击战，伏击了国民党信宜县一个警察中队和六间南乡自卫队，俘敌 12 人，缴枪 10 多支。罗汉与队员曾培棠一同追击残敌时先后中弹，不幸牺牲，罗汉年仅 30 岁，曾培棠年仅 27 岁。1949 年 10 月 22 日，信宜县宣告解放，县人民政府发布命令，将罗汉的家乡六训村改名为罗汉村。为纪念革命烈士，当地群众修建了罗汉烈士纪念亭和曾培棠烈士纪念碑。

枫木村革命烈士纪念碑

枫木村革命烈士纪念碑位于信宜市新宝镇枫木村肖村村民小组，旨在纪念解放战争时期信宜新宝地区牺牲的革命烈士。

◆枫木村革命烈士纪念碑

1949 年 5 月初，中共党员叶其猷在罗定县黄豆坪和信宜清水（现新宝镇清水村）地区组织起 50 多人的革命武装队伍——清水中队，叶其猷任中队长，张达英、陈锦华任副队长，积极开展筹枪、筹粮、抗租抗税活动。中队成立不久即与国民党合水区区警 100 多人在茂门坑发生战斗并击退来敌。战士叶其炳、杜家盛、潘业建、叶亚一 4 人在新宝茂门坑执行任务时不幸被俘，当天被杀害于荔枝垌。5 月，清水中队炊事员陈贤辉在清水被捕，被国民党杀害于合水。

是年 6 月 1 日晚上，信西大队由副大队长杨节三率领，从太平出发，取道新宝回西山，行军到河口（茂门）桥头时遇到罗少蕃反动联防队袭击，分队长杨明初、参谋杨胜初、排长杨才焱、班长王德贵、副官杨才镜、战士杨继滨、杨才继、韦荣珍、黎仁海、陈六、杨才宦等不幸牺牲。同年 7 月，韦业枢、韦玉生、韦木生、韦家齐等信西大队交通员在执行任务时被捕牺牲。

秀毓亭——信宜解放纪念亭

秀毓亭——信宜解放纪念亭位于信宜市镇隆镇荔枝大桥右侧 207 国道旁。

1949 年 10 月，信宜境内除县城外的其他乡、镇已被中国人民解放军粤桂边纵队第 5 支队第 15 团和各区中队控制。10 月 15 日，国民党广东省保安第 3 师保九团陈赓桃部 1200 多人，在梅菉博铺宣布起义。中共高州地委一方面命令陈赓桃起义部队北上驻茂信边境柴口待命，同时，命令第 15 团迫近信宜县城，各区中队自各方向南靠拢，形成对信宜县城的包围。10 月 22 日清晨，反动县长陆祖光急找国民党自卫总队副总队长陈达增（中共地下党员）商量对策，要求他与陈赓桃联系，劝其不要攻打信宜。陈达增将计就计，会见陈赓桃，约定入城方案。当天下午 2 时，陈达增赶回县城东门岗国

◆秀毓亭全貌

◆秀毓亭上的文字

民党自卫总队驻地，城东南方向突然传来炮声。这是陈达增与陈赓桃约定的信号：在他离开柴口半小时后，保九团就紧逼信宜城，打炮数发，造成大军压境、兵临城下之势。陈达增趁机做总队长麦国焜工作，劝他投诚。麦见大势已去，无法抵抗，率领400多人投诚。下午3时许，中共高州地委委员车振伦率部队开进信宜县城，信宜全面解放。

该亭民国时称为秀毓亭，解放后称为解放纪念亭，20世纪80年代经修葺后又改称为秀毓亭。

云开村革命烈士纪念碑

云开村革命烈士纪念碑位于信宜市钱排镇云开村米研坳，旨在纪念解放战争时期信宜云开地区牺牲的革命烈士。

◆云开村革命烈士纪念碑

◆云开村革命活动史迹纪念碑

1946年8月，中共信宜县特派员郑光民到云开活动，建立游击据点，吸收黄国柄、黄豹、叶其猷、杨干、张胜、黄明昭、张志刚等十多人参加游击小组。1947年10月，中共茂名中心县委抽调武装骨干22人到云开地区创建革命根据地。1948年10月，云开村组建起30多人的长枪队。1949年5月，云开村及附近村庄100多人成立云开大队。解放战争中，参军参战而牺牲的云开村民有黄国柄、黄辉、黄杨芬、黄庆贵、刘大生、张烈燊、张志刚、张传福、张传森、黄十、张仁钦、彭世熙、黎国权、杨开盛、张鸿贵等15人。

中垌地区革命活动纪念室

中垌地区革命活动纪念室位于信宜市怀乡镇中垌村中垌小学。

1927年，中共党员廖喜南率中垌农军40多人参加怀乡起义，农会副会长廖亚赓牺牲。1943年，中共党员梁景燊到中垌小学任教，开展抗日救亡运动。1945年，桄榔起义失败后，中共信宜县特派员陈志辉经梁景燊介绍，到中垌小学任教，秘密从事革命活动，随后，中共党员陆明章、李敏、陈悦等到中垌活动。解放战争期间，中共茂电信工委及信宜县委领导人王国强、郑光民、梁平等常驻中垌领导全县乃至茂电信地区的革命斗争，中共茂电信工委、中共信宜县委及粤桂边纵队第五支队的一些重要会议在中垌召开。1949年春，中垌群众献枪捐粮，青壮年踊跃参军，组建起一支40多人的武装队伍。中垌群众冒着生命危险保护党组织和革命同志的安全，掩护中共茂电信武工队、第5支队第15团官兵休整，黄飞等一批党员及部队干部在中垌安全隐蔽、疗伤。中垌村廖忠万、廖全万、廖茂鞠、梁盛三、韦二一、梁安平、梁廷爵、陈一等为革命壮烈牺牲。

◆中垌地区革命活动纪念室

◆中垌革命活动史迹纪念碑

高州市

南皋学舍——广东省农民协会南路办事处、中共茂名县支部旧址

南皋学舍——广东省农民协会南路办事处、中共茂名县支部旧址位于高州市区后街40号。

◆南皋学舍

1926年3月，广东省农民协会南路办事处成立，办事处设在梅菉，1926年8月迁往高州城南皋学舍。1926年5月，中共茂名县（今高州市）支部成立，朱也赤任支部书记，驻地也在高州城南皋学舍。1927年4月12日，国民党反动派制造了“四一二”事变，反革命浪潮很快波及高州。4月18日，国民党高州当局调集军队进攻南皋学舍。在国民党军队进攻前一小时，中共南路地区领导机关及办事处人员已全部撤离南皋学舍。此后，办事处停止活动。

南皋学舍原是一座建于清代时期的古建筑，为州府学宫生员所居。该建筑为三进二层楼房结构，总进深31.6米，面阔12.65米。

南皋学舍于2002年7月被广东省人民政府公布为广东省文物保护单位，2010年1月被茂名市委、茂名市人民政府公布为茂名市爱国主义教育基地。

梁氏宗祠——茂北区农民协会旧址

梁氏宗祠——茂北区农民协会旧址位于高州市曹江镇银堂村。

◆银塘梁氏宗祠正门

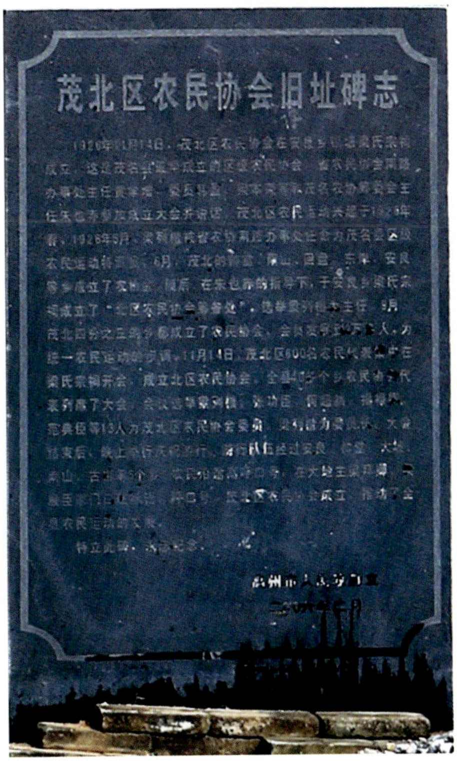

◆茂北区农民协会旧址纪念碑

1926 年 5 月，广东省农民协会任命梁列楷为茂名县区级农民特派员，领导高州的农民运动。在上级的指导下，茂北的帅堂、南山、回盘、东岸、安良等乡成立了农协会。随后，在朱也赤的指导下，安良乡梁氏宗祠成立了“北区农民协会筹备处”，梁列楷被选为主任。茂北区农民协会是茂名县最早成立的区级农民协会。

益寿庵——香港学赈会青年回国服务团、中共高雷工委机关旧址

益寿庵——香港学赈会青年回国服务团、中共高雷工委机关旧址位于高州市区西关路。

1938 年 12 月，中共粤东南特委以香港学赈会名义，派遣一个回国服务团到广东南路活动。服务团以共产党员为主体，并建立特别支部共有 20 多人，团部设在益寿庵。在团长刘谈锋的领导下，先后派出工作队到谢村、塘口、板桥、分界、根子、沙田、

云潭等地，通过办夜校、教唱歌、演戏等形式宣传革命道理，发动群众抗日，发展党组织，在云潭建立珍珠、企水党支部。同时，原国民革命军十九路军抗日爱国将领张炎在高州城举办了军官教导队。服务团在军官教导队内建立中共特别支部。1939 年夏，中共广东省委又派遣周楠到高州城组建中共高雷工委，其办事机构也设在益寿庵。1940 年 1 月，高雷工委改为南路特委，特委机关地点不变。1940 年 5 月，蒋介石掀起的反共浪潮而波及广东，香港学赈会青年回国服务团被迫停止活动，撤离高州城。

◆益寿庵正门

◆益寿庵内景

益寿庵始建于明代，总进深 37.31 米，面阔 21.32 米，前殿为两层楼阁式建筑，殿门额上灰雕“益寿庵”三个大字，左右门联分别为“益上益下，寿国寿民”。

益寿庵于 1986 年被高州市人民政府公布为高州市文物保护单位。

马东乡人民政府遗址

马东乡人民政府遗址位于高州市马贵镇镇政府。1961 年之前，马东乡属信宜管辖，1962 年，马贵划归高州管辖。

1949 年 10 月下旬，信宜第六区党委派委员黎金耀，带领 60 多人的队伍来马东，成立马东乡人民政府。成佩荣任乡长，陈翠华任副乡长，并在村里成立组织机构，选拔村级干部。

◆马东乡遗址（现为马贵镇人民政府）

马东匪首李广鹏、李高蔚等，联络一班地主、恶霸、兵痞、狗腿等人组成匪团，疯狂开展反革命活动，勾结阳春一股以游大旭为首的武装土匪，集结数百人，于 1949 年农历 12 月 25 日晚，切断通讯线路，对驻村的乡政府干部实施全面抓捕。由于敌众我寡，乡长成佩荣等 20 多名驻村干部被捕，双方死伤十多人，副乡长陈翠华及乡干部熊禄雄等被土匪押到大坡岭枪杀。

茂名中学革命活动遗址

茂名中学革命活动遗址位于高州市潘州街道。

茂名中学（现高州市第二中学）创办于 1905 年 3 月。1926 年，茂名中学 6 名学生加入共产主义青年团，他们组织同学阅读《向导》、《少年先锋》等进步刊物，传播马列主义，宣传国民革命，并利用节假日下乡演讲宣传，协助筹办农会，为农民革命运动推波助澜。

◆高州市第二中学正门

◆高州市第二中学内茂名中学革命史迹纪念碑

1940 年，茂名中学一批学生秘密参加共产党，他们在上级组织的领导下，团结进步师生，积极开展抗日救亡活动。1943 年上半年，学校秘密建立了中共党支部，支部书记为李一鸣。李一鸣积极支持教师熊夏武，成立了“茂中剧社”和全县性的“茂名县抗日演剧宣传队”，坚持业余演出。解放战争后期，该校进步教师吴麟瑞、伍圣瑞、莫仑等参加了中共茂名县委领导下的“茂名县文教界新民主主义革命委员会”，积极筹款购买枪支弹药支持革命。

从土地革命战争、抗日战争到解放战争，该校有梁弘道、梁德玉、梁之模、刘国义、卢国盛、熊宜武为革命壮烈牺牲。李一鸣、柯荣萱、柯日轮、吴美琼、龙中夏、龙实、杨毅、张虎、周梦吉、熊夏武等师生成为我党地下工作和抗日革命游击战争的骨干，为革命作出了很大贡献。

高州中学革命活动遗址

高州中学革命活动遗址位于高州市潘州街道。

高州中学原是广东省高州府六属的最高学府。1927 年，蒋介石在上海发动“四一二”反革命政变后，该校共青团员李雅度离校回乡参加革命沙田农民暴动，并为领导者之一。共青团员陈文炎离校赴穗参加广州起义。

◆广东高州中学（初中部）

◆高州中学革命史迹纪念碑

抗日战争时期，高州中学师生踊跃投身抗日救亡活动。1938 年 7 月，学生廖盖隆、杨毅、杨进琳、卓树基、刘淑祥、程均昌、杨优德、八荣中、李淑珠（葛俞）等 9 人毅然奔赴延安，走上抗日救国前线。1939 年 9 月，在校学生罗锦清、陈伟、周瑞腾、陈升华等参加了中国共产党，建立了高州中学第一个党支部。1943 年，党组织在该校迅速发展，高三级和高一级都建立了党支部。大部分党员和进步学生参加了在党支部领导下的秘密抗日救国游击小组。

大革命时期，该校毕业生黄平民任中共广东南路特委书记，朱也赤任中共广东南路特委委员、南路农民革命委员会主任、茂名县农民协会筹备会主任。1926 年 5 月，建立茂名县第一个中共党支部和共青团。抗日战争和解放战争时期，高州中学毕业生车振伦、梁昌东、罗明、杨飞、杨超、周梦吉、李灏等成为中共地下工作和游击队的骨干。

警群小学革命活动遗址

◆古柳坡小学正门

◆警群小学革命史迹纪念碑

警群小学革命活动遗址位于高州市曹江镇凤村。

警群小学（现古柳坡小学）成立于1923年。1926年7月，中共茂名县支部书记朱也赤和中共党员毛次奇在古柳成立了农民协会。警群小学教师罗梦吉受朱也赤引导参加革命，后被派往广州青年运动养成所学习，在养成所时加入中国共产党。当时受罗梦吉启蒙的学生有杨毅、杨飞、罗明、张虎、梁平、杨丽、杨韬、杨超、杨麟、罗强等人，这批学生后来先后加入中国共产党，成为革命斗争骨干。

1932年，罗梦吉又回警群小学任教师、校长。1940年至1942年，杨飞在该校任教师，以学校为阵地，开展党的工作。1943年共产党陈励光任校长，教育青年爱国抗日，响应共产党“团结抗日”的主张。杨飞和陈励光在警群小学任教期间，受他们教育影响参加革命活动的学生有梁枫、梁基赵、杨承全、梁董、梁启、梁美芳、梁美莹、邝炳文、梁炳汉、罗世泳、白玉衡、许东尧等人。该校毕业的部分青年学生，在1945年2月1日中国共产党领导的曹江抗日武装起义成为骨干。

君载楼——沙田暴动农军据点旧址

君载楼——沙田暴动农军据点旧址位于高州市沙田镇新村。

◆君载楼遗址

◆新村革命史迹纪念碑

1928 年 2 月，中共南路特委委员周颂年、朱也赤、车振伦等根据省委指示，在茂名县沙田组织农民武装暴动，新村群众大力支持，并踊跃参加。3 月 21 日，暴动农民军在李雅可、周君载、李淑明的指挥下，起义队伍 300 多人高举红旗，攻打周志坚等地主堡垒，连续占领 5 条村庄。新村君载楼是沙田暴动农民军的据点之一，与敬轩楼（又叫豆饼屋）、狮子坡形成犄角之势。农民暴动爆发后，遭到反动地主阶级的疯狂反扑和国民党反动派的残酷镇压。3 月 23、24 日，国民党茂名县反动当局连续从高州城派兵两批，前往沙田镇压暴动农民。农民武装在国民党反动武装的攻击下，退守君载楼、敬轩楼和狮子坡三个据点抵抗敌人。后来，为了避免不必要的损失，农民军撤出了君载楼等据点，退到六王岭坚持斗争。

沙田暴动战斗遗址

沙田暴动战斗遗址位于高州市沙田镇木木强村。

木木强村是沙田农民暴动首举义旗、打响第一枪的地方。

1927 年 4 月，国民党反动派发动“四一二”反革命政变。经中共广东省委批准，中共茂名县委决定举行沙田农民暴动，武装反抗国民党反动派。朱也赤、车振伦等参与了组织策划。暴动领导人为李雅度、李雅可、周君载等。暴动日期原定于 1928 年农历 3 月 26 日，临近暴动时发生了“插旗标田”和开仓分粮事件，泄露了暴动计划，暴动被迫提前。当时，负责军事指挥的李雅可外出未归，李雅度担起军事指挥的责任。21日夜，李雅度命令各村自卫军到木木强村集合，集中队员216人、步枪128支。队伍集结后，李雅度宣布举行武装暴动，农民军高举斧头镰刀红旗，手持火把，首先攻占了周村堡，收缴了堡内地主的武器，烧毁了地主卢植三的田契和婢女卖身契，开仓分粮，取得了暴动的第一个胜利。

◆木强村革命史迹纪念碑

培正小学——白坑地下交通联络站遗址

培正小学——白坑地下交通联络站遗址位于高州市南塘镇大石垌村。

1937年，中共党员梁弘道回到家乡白坑村进行宣传活动，在其教育下，其胞兄梁仁轩出卖租田支援革命，建立培正小学作为地下党活动点，并以培正小学董事长身份聘用一批中共党员来校任教，秘密进行革命活动。1938年，梁弘道离开白坑辗转高城、吴川等地继续从事抗日救亡和统战工作。1944年，中共党员梁德玉于茂名师范学校毕业后回到家乡培正小学任教，与黄树荣、梁凌霄等一批中共党员以教师身份为掩护，开展革命工作，发展党员，建立党组织。在党梁德玉等通过举办农民识字班等形式，发动了一批人参加游击队，并筹集到枪支弹药一批，后来发展成为茂西游击大队。在

◆培正小学正门遗址

◆培正小学校园内景

革命斗争中，梁弘道、梁德玉先后壮烈牺牲。

红花庙——广东南路民众抗日救国团体遗址

红花庙——广东南路民众抗日救国团体遗址位于高州宝光街道张炎小学。

1939 年初，国民党抗日爱国将领张炎任广东省第七区行政督察专员兼第七区游击司令，他在共产党人的推动和帮助下，先后在高州城西红花庙组建了十六干部教导队、乡村工作团、战时工作队、学生队等抗日团队，各团队有组织地分赴南路各县开展工作，对南路地区的抗日救亡运动和革命斗争发挥了很大作用。后因国民党顽固派的排挤、迫害，张炎于 1940 年夏被迫辞职，各抗日团队也被迫解散。

◆张炎小学校园内景

◆广东南路民众抗日救国团体旧址纪念碑

红花庙解放后成为红花小学的校址。1985 年 9 月 2 日，高州县人民政府将红花小学更名为张炎小学，以纪念张炎将军。

珍珠垌村党支部遗址

珍珠垌村党支部遗址位于高州市云潭镇珍珠垌村。

1938 年底，中共东南特委应国民党爱国将领张炎的请求，派遣香港学赈会青年回国服务团的第一团 20 多人来到高州，协助张炎开展抗日救亡工作。1939 年 2 月，该团派出由共产党员陈达英、黄沙、黄飞、梁仲华等 10 多人组成的小分队来到云潭上乡，发动农民参加抗日救亡运动。在珍珠垌，先后从农民中吸收抗日救亡活动先进分子张

◆云潭珍珠革命纪念馆

◆云潭镇珍珠村革命史迹纪念碑

杞才、张桂春、张桂秋等 10 多人为党员，并于 1939 年 10 月建立了珍珠垌党支部，张杞才任支部书记。珍珠垌村党支部是抗战时期茂名县党组织恢复重建后，诞生的第一个农村党组织。

珍珠垌村党支部建立后，成立村农会，组织抗日自卫队、救护队和儿童团，积极筹集枪支弹药和医疗物品，进行军事与救护常识学习、训练，掀起了抗日救亡运动高潮。1940 年夏，“服务团”被迫撤离。珍珠垌党支部继续宣传发动群众投入抗日救亡运动，建立了游击根据地。

里麻村党支部遗址

里麻村党支部遗址位于高州市金山街道里麻村。

1927 年，里麻村青年车振伦就任共青团南路特委书记，1928 年参加领导沙田起义，在抗日战争和解放战争时期是茂名县和茂电信党组织领导人之一。1940 年起，中共茂名县委先后派党员陈志辉、梁钜汉、杨凤泽、李颐年、龙思云、钟正书、梁碧、钟乃绩等人先后到里麻一带村庄进行革命宣传，开展抗日救国运动，发展党员，建立党组织，开展革命武装斗争。该村先后参加中国共产党的有车克猷、车有佳、车谷飞、车静宜、李德业等，并成立了党支部，丁仁体任支部书记。党支部组建了游击队，开展抗日游击活动。该村参加游击队的有车克猷、车振文、车有佳、车辉光、车如福等 20 多人。1941 年，该村成立了农民协会。农会发动会员开

◆里麻村革命史迹纪念碑

展抗租减租斗争，积极筹枪、筹粮、捐款支援革命武装斗争。1944 年 11 月 4 日，车振伦于沙田大垌铺伏击护送武器的反动保安队。1945 年 2 月，车振伦率领里麻村游击队参加茂南烧酒起义。起义前正式成立南路人民抗日解放军茂南大队，车振伦为大队长。后因情况有变，队伍奉命撤回分散隐蔽，继续坚持革命斗争。

板桥村党支部遗址

板桥村党支部遗址位于高州市金山街道办板桥村。

1940 年，中共地下党员罗秋云受中共茂名县党组织派遣，回板桥村从事革命活动，任陈垌乡乡长。党员车克猷为乡自卫班长，使自卫班成为革命武装，建立了“白皮红心”政权。中共党员伍学梅、李颐年以小学教师为掩护，在板桥进行抗日救亡活动。1944 年，中共茂电信特派员派钟正书、罗秋云、梁碧、钟乃绩在板桥成立党支部，钟乃绩任书记，党员有罗焕球、车鸣佳等人。中共板桥村党支部在发展罗润球、罗万全、罗彩云、罗兴云、罗龙云、罗绮云、罗振兴、罗伯珍等为游击队员，进行筹枪筹款。板桥村群众把购买的 25 支步枪、2 支短枪及 1500 发子弹捐给游击队。罗秋云妻把陪嫁的七石租田变卖得款数百银元，全部交给游击队使用。1948 年 8 月，国民党茂名县反动当局派兵前来清乡围村，捕去罗秋云妻子蓝秀英及其幼年儿女罗列英、罗列丰、其弟罗彩云、罗兴云等 6 人，蓝秀英被迫害致死。

◆板桥村革命史迹纪念碑

德明中学革命活动遗址

德明中学革命活动遗址位于高州市潘州街道。

高州市第一中学，创办于 1934 年 8 月，原名为高州德明中学，解放后改名为高州一中。1940 年秋，中共南路特委派党员梁昌东、康慧英到德明中学任教，以教师身份为掩护发展党组织，开展抗日救国工作。他们发动进步学生杨超、梁平、罗强、古禹明、梁钜华、邓家辉、梁昌文、罗明州、李迁斌等 20 人，在高州城燃学舍以补习班为名，阅读《新华日报》、《解放日报》，宣传党的抗日救国主张。在补习班发展杨超加入

◆高州市第一中学正门

◆德明中学革命史迹纪念碑

共产党组织，再由党员杨超介绍梁平、钟乃绩、杨丽入党，随即成立中共德明中学党支部，杨超为书记，梁平为组织委员，钟乃绩为宣传委员。1941 年，发展了梁茂勋、肖培芬等人入党。在党支部领导下，以党员和进步青年为骨干，开展抗日救国学生运动。全校五个班有三个班的童子军中队长为共产党员，其余两个班的中队长亦为思想进步的青年。

茂名师范学校革命活动旧址

茂名师范学校革命活动旧址位于高州市宝光街道茂名学院高州师范分院。

茂名师范学校成立于 1931 年。1940 年，中共茂名县委领导人邓麟章（李明华）、陈华及车振伦在茂名师范学校以任教为掩护，开展革命活动。他们团结进步教师周梦吉、陆士风等人，组织进步学生参加读书会，宣传党的抗日救国主张，并发展进步学生钟正书、郑光文、龙思云、李一鸣、李颐年、梁德玉等人参加革命。在中共茂名县委直接领导下，各党员积极开展工作，先后发展吸收杨光武、谭仲才、许俊文、柯乙福、李匡一、冯柱朝、王素微等 60 多位进步学生参加抗日游击小组。在上级党组织领导下，1945 年先后举行了以茂师中共地下党员为领导骨干的茂西道平起义和茂南烧酒起义。

◆茂名师范学校革命史迹纪念碑

1946 年 4 月间，国民党茂名县政府以“缺钱粮”为由，无理扣发该校学生津贴和教师薪饷，激起广大师生的公愤。中共茂名县地下党组织负责人林其材与茂师党支部成员许俊文、柯乙福、吴时苑发动全校师生举行反

◆茂名师范学校革命活动旧址——海珊堂

饥饿斗争，揭露国民党反动当局的黑暗腐败，通过罢课请愿书，游行示威等方式，取得了斗争胜利。

大垭村党支部遗址

大垭村党支部遗址位于高州市潭头镇大垭村。

1940 年，中共党员梁儒杰接受党组织委派，从南路抗日学生队回到家乡大垭村开展革命活动。随后，党组织领导人王国强、陈其辉、陈智辉等先后长驻大垭村，指导信宜及茂北区革命工作。经王国强批准，吸收该村蔡培清、梁特立、梁巧云为中共党员，建立党支部，梁儒杰为支部书记。为开展抗日武装斗争，党支部积极宣传发动，先后吸收了梁秀芬、张秀标、植宜康、吴宝华、等 20 多人为游击队员，于 1943 年组建了大垭村抗日革命游击队，梁特立为队长。同时分别在梁特立家、蔡培清家、梁萃明家和梁儒杰家建立地下交通联络站，共同做好情报传递、来往人员食宿、护送以及武器收藏、转运等工作。在革命斗争中，大垭革地下党支部认真做好统战工作，派遣中共党员蔡培清利用社会关系，先任当地保长。同时团结曾任乡长的开明人士梁萃明加入革命队伍并担任该村地下交通站长。

◆大垭村革命史迹纪念碑

◆大垭地下交通联络站旧址（蔡培清旧居）

广南中心小学革命活动遗址

广南中心小学革命活动遗址位于高州宝光街道西岸中心小学。

◆西岸中心小学校园内景

广南中心小学（现西岸中心小学）是当年共产党人的一处革命据点。1941 年下半年，中共党员赖浩勋、梁恩波分别任该校校长、教务主任。被聘来校任教的中共党员有丁应昌、黄达荣、王佩琼、梁之缏、梁浩熙等人，党组织秘密在学校建立了党支部，梁之缏任书记。时任中共茂电信特派员的陈华也以该校代课教员作掩护，在高州城指导开展革命活动。1942 年，赖浩勋调走，由他推荐进步人士林肖铃任校长。该校党员教师除了大力支持林肖铃校长，团结党外教师齐心合力办好学校，还在该校建立党的地下交通联络站，并秘密印刷发行革命书刊。党员梁之缏、黄达荣经常同校长、教师们一起利用晚间或假日下村家访，向学生家长进行抗日救国宣传，建立良好的校群关系。国民党茂名县政府当局知道该校常有进步活动，声称要撤销林肖铃校长职务，把一批教师赶出校门。在党组织的领导下，家长和校董们纷纷前往县政府抗议，迫使国民党茂名县政府收回了成命。

曹江起义遗址

曹江起义遗迹位于高州市曹江镇凤村。

1942年春，南路特委领导梁嘉在凤村杨飞家住，并先后几次在此召开茂名、信宜、化县、吴川五县地下党领导人会议，布置工作。1944年底，中办南路特委指示茂、电、信三县党组织于1945年春节前后组织武装起义，建立抗日武装力量。随后，茂电信特派员陈华派杨飞、杨超、罗强、杨麟、王志文、叶琼森、黄兰芳、张锡德、杨丽等人回凤村，秘密发展游击小组，筹集枪支弹药，准备起义。经过宣传发动，共发展了200多人，成立了茂北游击大队，杨飞为大队长。1945年2月1日，40多名游击队员集中凤村，宣布起义。起义队伍当晚攻陷杨官首席保办事处，缴获步枪30多支，子弹3000多发，手榴弹100多枚。接着攻打曹江乡公所。杨麟、梁枫、梁基赵等人组成手枪队，坚持斗争了3个多月。

◆凤村杨飞旧居遗址

◆曹江起义革命史迹纪念碑

低坡地下交通联络站旧址

低坡地下交通联络站旧址位于高州市石鼓镇低坡村。

1942年秋，由于出现严重旱灾，粮价暴涨，加上痢疾盛行，全县不少人饿死、病死。在这种恶劣的环境中，为了适应形势的发展和对敌斗争的需要，茂名党组织遵照上级指示，在活动方式上实行转变，党的力量部署由城镇转向农村，由人口集中的平原地

◆低坡地下交通联络站旧址（董干才旧居）

区转向偏远的山区。南路地下党联络人罗秋云利用姑丈董干才的地主身份优势，将董干才家设为地下交通联络站，为南路地下党提供免费食宿、提供场所开展工作，并提供枪支 2 支。

陈垌地下党活动旧址

陈垌地下党活动旧址位于高州市金山街道陈垌村。

1942 年，中共茂名中心县委派中共党员罗秋云打入国民党陈垌乡公所任乡长，他利用职务便利，安排了中共党员陈志辉、杨凤泽、梁钜汉等到乡公所和陈垌中心小学任职，秘密开展革命活动。1944 年秋，党组织领导人车振伦、钟正书、梁昌东、罗秋云等到该村开展革命活动，在车友佳家建立交通联络站。8 月，发展了 20 多名游击组员，成立

◆ 1949 年 9 月陈垌武工队截获国民党数万斤粮食的陈垌粮仓旧址

了游击队，开展秘密的武装斗争。1947年初，陈垌村成立了农会（称同心会），车友佳为会长，会员有100多人。农会在党组织的领导下，深入发动群众开展减租减息、抗征抗税活动。同时村里还成立了民兵组织，积极配合武工队、游击队开展武装斗争，1947年农历正月初四，配合茂电信独立大队陈昭正率领的小分队，袭击陈垌乡深田坡村国民党少将、茂名自卫团团长丁龙起的“将府”，缴获枪支弹药一批，并活捉丁龙起之兄恶霸丁仲兰。1949年重阳节前，配合陈垌武工队，夜袭国民党陈垌圩粮仓，夺取粮食数万斤，截断了国民党军喻英奇部队的粮食供应。

大箩地下交通联络站遗址

大箩地下交通联络站遗址位于高州市东岸镇横山村大箩村民小组。

1943年秋，中共党员梁特立、任绍基和进步青年任维坤受中共信宜县特派员陈志辉委派，回到大箩村开展革命活动。1944年2月，在柴口小学成立党支部，梁特立任支部书记。梁特立、任绍基吸收叶汝森、任维举隆等人成立游击小组，任维坤为组长，并在任维坤家设立大箩交通站。当年冬，陈志辉到大箩站召开了游击小组会议，布置东才乡武装起义的筹备工作。1945年至1946年间，任绍基、任维坤、罗荣华又在柴口一带先后发展任瑞征、任拔群等9人参加游击队。当地保长任作彬、保队副任作均也被争取过来，建立了“白皮红心”的两面政权。

1947年，中共茂名县特派员王国强曾到大箩交通站检查指导工作。1948年，中共茂西北区委书记杨麟，茂北下北支部书记吴卓璧以及何逢林、俞辉等都常到这里活动。1949年6月，中共高州地委在大箩召开会议，对争取国民党广东省保三师副师长兼保九团团长陈赓桃起义作了具体部署。7月，国民党茂名县东才乡乡长吴福伍率乡自卫队30多人到大箩起义，接受改编入第5支队14团2连。

◆大箩村村貌

◆大箩村革命史迹纪念碑

六匝村党支部、六匝游击队活动遗址

六匝村党支部、六匝游击队活动遗址位于高州市泗水镇六匝村。

1944 年 6 月，中共茂电信特派员陈华指派杨进瑞（杨志平）回家乡六匝开展革命活动，在几个月内，杨进瑞组建了数十人的六匝游击队。上级党组织把六匝游击队定为茂名县武装起义的主力队伍之一，并调拨了一批武器。1945 年 1 月，六匝村成立党支部，杨进瑞任支部书记。

◆六匝村村貌

◆六匝村革命史迹纪念碑

1944 年 12 月，中共南路特委和茂电信特派员决定，于 1945 年春节前后举行武装起义。中共茂电信特派员陈华同志指示杨进瑞率游击队于 1 月 29 日起义，后因情况突变，上级指令杨进瑞率队开赴云潭，会同云潭游击队一举攻下云潭乡公所，缴获长短枪一批。起义后，杨进瑞因已暴露身份，奉命转移。六匝党支部由吴汉兴负责，六匝游击队交由杨进才负责。1949 年 5 月，粤桂边纵队第五支队成立，杨进瑞发动杨伟、杨进伟、杨明、杨青等人加入粤桂边纵队第五支队第十五团。7 月，杨进瑞派杨伟回到六匝，协助杨进才领导开展革命斗争。六匝游击队发展到近百人。是年农历 9 月，他们奉上级命令，前往接收国民党根子上乡乡公所及海珊乡乡公所，收缴武器，征借粮食，迎接全县解放。

中共茂名中心县委、中共茂电信工委成立遗址

中共茂名中心县委、中共茂电信工委成立遗址位于高州市泗水镇凤堂村良村村民小组。

◆良村村貌

◆中共茂名中心县委、中共茂电信工委成立旧址纪念碑

1944年夏，高州中学抗日游击小组成员吴汉兴，接受中共茂电信特派员陈华的委派，回到家乡良村宣传党的抗日救国纲领，组建抗日武装队伍。吴汉兴建立了良村地下交通联络站，成为中共茂电信党组织的联络中心。1945年1月中旬，中共茂电信特派员陈华住进良村，指挥茂电信的抗日武装起义。1945年6月，吴汉兴、吴贤标、吴炳旭先后参加中国共产党，三人组成中共良村党支部，吴汉兴任书记。

1947年6月、1947年12月中共茂电信党组织先后两次在良村召开会议，先后成立了中共茂名中心县委、中共茂电信工委，王国强任书记，林其材为副书记，分别由钟正书、郑光民、钟永月、车振伦任委员。两次良村会议针对当时的实情，分别制定了对敌斗争的策略，有力地推动了茂电信革命斗争的发展。

伍村地下交通联络站旧址

伍村地下交通联络站旧址位于高州市大井镇长沙村伍村村民小组。

1944年9月，伍村青年俞钧、俞辉在广雅中学参加抗日游击组织，随后回乡宣传抗日。1947年6月，俞钧奉中共茂名中心县委书记王国强之命，在伍村建立中心县委交通总站。俞受隆、俞文炳、俞文兴任交通员。该村与茂名、电白、信宜三县的主要地下交通分站形成交通网络。同年7月，又建立了高岭咀、大应村、高车等多个交通分站和联络点。中共茂电信党组织领导人王国强、郑光民、林其材、钟正书、车振伦、张虎、杨麟等曾来此工作，开展革命活动。

村中族老俞秀卿、俞达卿和保长黄国海、俞佐卿、俞文访等人热情支持革命活动，四、五、六三个保十多条村成为“白皮红心”的两面政权。族老把俞氏祠堂的十多支

◆伍村农民协会及茂电信党组织地下交通联络总站旧址（俞钧旧居）

◆伍村革命史迹纪念碑

长枪及一批子弹送给武工队使用，动员十多位青年参加革命队伍。党组织在伍村成立了下茂北党支部，吴卓壁任书记，何逢林、列玉阶任支委。

白铺地下交通联络站遗址

白铺地下交通联络站遗址位于高州市潭头镇白铺村。

1944 年秋至 1945 年春，白铺村的孙明耀、孙明光、丁兆南参加中共茂北地下党组织领导的抗日游击小组活动，准备参加抗日武装起义。后来建立白铺交通站，丁兆南为站长，李光、俞亚明、列为信、孙明华为交通员。1946 年，杨沧带领王五婶（李敏）

◆白铺地下交通联络站遗址（丁兆南旧居）

◆白铺村革命史迹纪念碑

到乾坡、白铺开展革命活动，依靠孙明耀兄弟把孙屋、丁屋所有妇女发动起来，支持革命活动。1948 年秋，中共茂北党支部建立，乾坡的陈启初、白铺的孙耀明加入中国共产党，与列玉阶组成党小组，在白铺、乾坡一带活动。1949 年 5 月，中共茂西区委建立，区委决定成立由列玉阶、陈启初、陈启全、孙耀明、孙明光组成武工队，发动群众抗租、抗征。中共茂北区委领导张虎以及吴卓璧等曾到白铺住宿并指导工作。

竹坑地下交通联络站遗址

竹坑地下交通联络站位于曹江镇凤村村竹坑村民小组。

◆竹坑地下交通联络站遗址（许东尧旧居）

竹坑交通联络站是抗日战争时期茂北游击大队长兼政委杨飞建立的一个地下交通联络站。该站设在许东尧家，背靠大山，西连大井，北接东岸。茂电信党组织领导成员车振伦曾在此交通站指挥和联系各地工作。交通站掩护过的领导人有陈华、车振伦、杨飞、杨麟，接待过的革命同志有梁平、梁基赵、罗伟经、吴德良等人。1946 年 5 月，杨飞、梁巨华等 7 位游击队员被国民党反动派追杀，许东尧一家冒着生命危险把他们收藏在许家的阁楼上，同时，许东尧还捐了粮食和衣物给游击队开展活动。

关帝庙——马贵革命活动旧址

关帝庙——马贵革命活动旧址位于高州市马贵镇。

◆马贵关帝庙正门

解放前，关帝庙既是道教圣地，又是国民党乡公所的办公场所。1944 年 10 月，支援中国抗日战争的美国飞虎队飞机在大西村飞机坑坠毁后，当时的国民党乡长李广鹏曾安排生还飞行员在关帝庙疗养。1949 年 10 月上旬，中共信宜第六区党委派杨大鉴带领 60 多人到马贵（马贵当时称为马东，属信宜县合水区管辖），住在关帝庙，准备接管马东乡政权，建立人民政府。由于马东乡土豪劣绅、地主恶霸十分嚣张，在群众中四处散布反动言论，并在粮食、经济、生活等方面对共产党实行严密封锁，同时，纠集武装反动势力公开对抗共产党。由于处在敌人的包围之中，为避免冲突，保持实力，队伍暂时撤离了马贵。

关帝庙为四合院建筑结构，中间有个天井，占地面积200多平方米。

先觉地下党活动遗址

先觉地下党活动遗址在高州市曹江先觉村。

◆先觉村革命史迹纪念碑

◆先觉地下交通联络站旧址

1944年11月，杨超到先觉村召集梁枫、梁基赵等开会成立抗日游击小组，开展武装起义准备工作，发动群众参加，筹集枪支武器。1945年2月1日，茂北游击大队长兼政委杨飞率领队伍攻打保公所，任命梁基文为游击队排长。攻下保公所后，起义队伍组成手枪队，游击队化整为零开展活动。1945年5月前后，国民党军队邹克昌部对古柳包括先觉一带进行过三次“大扫荡”，一些革命同志在反扫荡中英勇牺牲。1945年10月，曹江革命处于低潮，当地难于坚持武装斗争，梁基文、梁枫、梁基赵等被安排到广州或香港。1946年，茂北游击副大队长杨麟再度以先觉村梁劝迈、梁劝绩家为落脚点，继续开展革命活动。1949年6月，梁淮、容健峰、吴德良等被茂北区委派到先觉村进行革命活动。他们动员一大批革命青年参加游击队武工队，收集枪支。梁基华、梁基毅、梁茂芬、龙岳华等突袭蓝田国民党师长梁敬巢家，缴获枪支十多支。

大垌铺——镇江夺枪战斗遗址

◆大垌铺夺枪战斗旧址

大垌铺——镇江夺枪战斗遗址位于高州市镇江镇。

1944年秋，日军即将打通湘桂线，国民党主力部队积极反共，消极抗日，南路即将沦为敌后。中共南路党组织肩负起抗战卫国重任，决定建立自主的抗日武装。11月初，中共茂名地下组织获悉国民党广东省保十团要运送一批枪支到化县连界驻地，南路特委组织部长温焯华决定夺取这批枪支，充实抗日武装队伍装备。温焯华与中共茂电信特派员陈华商议，从茂南、茂北、高州城抗日游击小组调集车振伦，罗秋云、罗选之、车振文、李文新、苏捷先、梁仔、吴炳兴、罗润荣、董悦武、叶辉荣等组成夺枪队。夺枪队在大垌铺设伏。11月4日中午，押送枪支的保十团士兵到大垌铺歇脚，夺枪队乘机夺得机关枪两挺，步枪十余支，手榴弹和子弹一批。战斗中，罗选之、车振文不幸牺牲，车文新负伤。大垌铺老板黄统佈也不幸牺牲。后人为纪念在这次战斗中牺牲的革命烈士，在战斗遗址上修建了革命烈士纪念馆。

潘龙地下交通联络站旧址

◆潘龙地下交通联络站旧址

潘龙地下交通联络站旧址位于高州市荷花镇潘龙村。

抗日战争时期，潘龙村进步青年陆明章参加革命。1944年，他回到家乡潘龙村，分别在许广文、陆添礼家里设立两个交通联络站，发动群众参加革命。1945年2月，参加吴川抗日武装起义的南路人民抗日解放军陈以铁和李一鸣大队200余人，奉命挺进茂西支援当地的抗日武装起义。队伍被打散后，李一鸣、朱兰清等冲破敌人的包围封锁，辗转到潘龙村隐蔽。3天后，李、朱研究决定回吴化梅边区活动。但反动派制造白色恐怖，严密封锁。茂西地下党负责人陆明章找到潘龙村游击小组的陆增安、陆增源、陆添全和许德新4人，利用商人竹筏，冒着生命危险，护送李一鸣、朱兰清经化县的宝圩、合江、林尘等地，绕过敌人的道道封锁线，顺利地完成了护送南路游击队领导抵达目的地的艰巨任务。

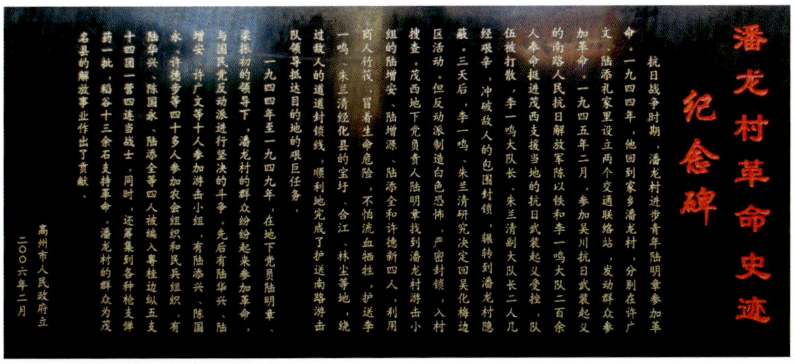

◆潘龙村革命史迹纪念碑

张氏大宗祠——山口地下交通联络站旧址

张氏大宗祠——山口地下交通联络站旧址位于高州市荷花镇张家堡村。

1945年2月，茂西抗日起义失败，荷花乡游击小组并未暴露。游击小组负责人张延渭以当地文化人的身份，以张氏大宗祠为突破点，积极推行“二五”减租，让平讯、贺石一带农民得到利益，深得民心，为后来发展扩大革命力量打下基础。1945年3月，中共茂电信工委派茂名县委委员梁振初到荷花乡，建立以荷花、化北和广西北流边境联结成片的游击根据地——“黑龙江”游击区。在建立游击区初期，张氏族人主动捐谷12石，长短枪各两枝，张氏子弟也纷纷参加游击队。

◆张氏大宗祠

茂西战斗遗址

茂西战斗遗址位于高州市荷塘镇伦道村。

1945年2月，南路人民抗日游击队陈以铁大队和吴化梅茂边的李一鸣大队共200多人，奉命到茂西支援人民抗日武装起义。队伍从吴川上岭仔出发，经过8天日宿夜行，到达目的地大窝村。由于大窝村抗日起义已失败，敌人已集中兵力开始“扫荡”。3月4日，陈、李大队撤到茂西的木坑塘村，部队在做饭休息时，遭敌突然袭击。战斗中，苏爱莲、欧振东、李贤高、张胜龙、张惠东、骆期初等人不幸牺牲。陈以铁、梁尚文、张绍基、张帝元、张锦崇等12人被俘，其余部队人员在当地群众掩护下，安全脱险。陈以铁等9人于同年4月16日夜间被敌人秘密杀害于高州城。

◆茂西战斗史迹纪念碑

田头屋地下交通联络站旧址

田头屋地下交通联络站旧址位于高州市分界镇田头屋村。

田头屋村交通站，是1945年3月建立的，负责人是中共党员李匡一。茂电信工委的主要领导人王国强、林其材、车振伦、郑光民、钟正书等经常来此开展革命活动。1948年10月，中共茂东南区工委成立，李匡一负责茂东地区工作。为了适应革命斗争需要，李匡一把田头屋村的交通联络站，从原来只有他和李匡群家两个联络点逐步扩展到李春胜家、李春梅家、李春贤家、李炳邦家等多个联络点，从原来只有田头屋一条村，扩展到书房村、沙坡村、早塘村、三树下村等都有地下联络点，并培养了10多名

◆田头屋村革命史迹纪念碑

◆田头屋地下交通联络站旧址（李匡一旧居）

专职交通员，分别与电白、茂南、高州城、云潭、新垌等地交通站连成交通网络。在革命战争年代，交通站为传送情报，接送上级领导，转移革命同志，掩护伤病员疗养，转运枪支弹药，并发动群众参军，积极筹款筹粮支援前线等做了大量工作。

平云山冼太庙——平云山地下交通联络站旧址

平云山冼太庙——平云山地下交通联络站旧址位于高州市大坡镇平云山风景区。

1945 年 6 月，为扩大革命游击根据地，中共党员张杞才、张茂儒、张桂春等来到平云山村开展革命活动，在平云山村村民邓礼凡家和平云山冼太庙建立交通联络站，负责中共茂名、电白两县的交通联络。中共茂名电信党组织和茂名县党组织领导人曾在该站开展工作。1947 年，平云山成立了村农会和游击小组，发动群众进行抗租抗税斗争，为革命游击队、武工队筹集粮食，并做好安全保卫工作。1947 年 4 月，武工队成员梁振初、张良海、黄德成、张桂春、唐力生在该村活动的时候，敌人前来围捕，游击小组成员邓信凡发现后立即通知武工队转移到山上隐蔽，邓信凡被捕，最后壮烈牺牲。1948 年 11 月敌人派大批兵力对该村进行扫荡，武工队在邓盛凡的带路下，从冼太庙后山抄小路顺利转移到了电白那霍，脱离了危险。

◆平云山村革命史迹纪念碑

◆平云山冼太庙

柏河地下党活动旧址

柏河地下党活动旧址位于高州市古丁镇柏河村。

1947 年 7 月，为了扩大革命游击根据地，中共党员梁世斌、梁伟、黄国强等来到柏河村宣传发动群众参加革命活动。党组织决定在柏河村板黎国来家建立革命宣传阵地，发动当地村民参加革命。茂坡岭村民李载湖和其儿子李振邦，堂兄弟李广秋、李广进等接受教育暗中支持革命工作，为了躲避敌人耳目他们白天休息，晚上到各地发动群众。1948 年 5 月，国民党自卫队进山围捕，由于联络员疏忽没有及时传递信息，李载湖、李振邦父子来不及逃走，在家中被自卫队逮捕。敌人严刑逼迫李载湖父子供出梁世斌等人，但是李载湖父子没有屈服，被送到信宜市监禁，解放后获释。

◆柏河地下党活动旧址

崩窝祠堂——茂名县“大钊大队”活动旧址

崩窝祠堂——茂名县“大钊大队”活动旧址位于高州市平山镇田坪村老和村民小组。

解放战争后期，茂北地下党员周宗岳、陈彪到田坪的黎日光、黎应元家开展革命活动，并在崩窝祠堂建立交通联络点，安排黎日光在祠堂教私塾做掩护开展革命活动。王国强、龙思云、杨麟、张虎、简常、余均、梁枫、廖镇海等党组织领导人曾在该村开展革命活动。他们组织了“大钊大队”，同时成立了以黎武为队长的游击队，组织当地的村民开展减租减息活动，得到当地群众的大力支持。

◆崩窝祠堂

乾坡地下交通联络站遗址

乾坡地下交通联络站遗址位于高州市潭头镇乾坡村。

1945 年，在中共地下党组织的发动下，乾坡村列玉阶、任经华、任永新、任成光任迁贵等 30 多人参加抗日游击小组，成立农会组织，发展农会会员 66 人。在党的领导下，斗垮了反动保长，列玉阶担任了保代表，任经华担任了保长，各村甲长也由民兵担任，并在列玉阶家中设立了交通站。1946 年下半年，列玉阶加入中国共产党。1949 年 5 月，中共茂西区委成立，吴卓璧为区委副书记，区委决定组成武工组，由列玉阶带领，发动乾坡一带群众抗租抗税，取得较好的效果。乾坡交通站建立后，中共茂名中心县委领导王国强、郑光民、林其材，中共茂北县委领导杨麟、张虎等在乾坡开展革命活动。

◆乾坡地下交通联络站（列玉阶旧居）

◆乾坡村革命史迹纪念碑

大池塘地下交通联络站遗址

大池塘地下交通联络站遗址位于高州市谢鸡镇木坑村大池塘村民小组。

1945 年，为扩大革命游击根据地，中共茂电信特派员陈华和党员梁昌符、梁昌东等人先后到谢鸡镇木坑大池塘村开展革命活动，并在大池塘村袁明林家建立交通联络站，游击队员经常到大池塘村的阿公山、杨左塘等地食宿。后来，袁明林不幸被捕，1948 年被敌人杀害于宝安石河滩。1948 年，因敌人的围捕和扫荡，交通联络站撤销，游击队被迫转移。

◆阿公山游击队食宿地

◆杨左塘游击队食宿地

大化地下党活动遗址

大化地下党活动遗址位于高州市东岸镇大化村。

1945 年春节前，执教于省立高州女子师范学校的周梦吉受中共茂电信特派员陈华委派，回到大化村建立中共茂电信抗日临时指挥部。陈华则由周文莲陪同来到大化村开展革命活动。春节期间，周梦吉由陈华介绍吸收为中共党员。3 月，周梦吉被茂名县国民党反动派拘捕入狱。周在狱中表现坚强，没有变节。两个月后，周由校长、教员联名保释，1946 年他转移到香港继续从事革命队伍工作。

1947 年 8 月，周文莲、叶锦武率武工队到上茂北地区活动，开辟了代号为“青岛区”的游击区。同年 10 月，大化村成立了农会和游击小组。农会和游击小组负责为武工队筹粮、筹款、筹枪、放哨，并组织群众开展抗租税和抗国民党征兵的斗争。

1948 年冬，中共茂电信工作委员会派杨麟、周文莲在茂北地区组建武装队伍“大钊大队”。大化村周海、周实尧、周才华、周运汉等参加了这支革命队伍。1949 年，周梦吉受党组织委派回到茂名，先后出任中国人民解放军粤桂边第五支队司令部机关报《新民主》主

◆大化村村貌

编、中共茂名县新民主主义青年团筹委等工作，吸收了大化村青年周日豪、周梦生等参加新民主主义青年团。

高岭咀地下交通联络站遗址

高岭咀地下交通联络站遗址位于高州市东岸镇东坡村高岭咀村民小组。

1945 年，中共党员陆明章与地下游击队员黄国荣、俞钧、俞辉等在高岭咀一带村庄进行革命活动，先后发展吸收黄国海、黄国升、黄振坤等人参加游击小组。同年，中共地下党组织还发动群众支持黄国海参选，成为当地的保长，建立了“白皮红心”的两面政权。1947 年夏秋间，在黄国海、黄国升家里建立了地下交通站。王国强、郑光民、张虎、杨麟等领导同志常到高岭咀村检查指导工作。是年冬，王国强、郑光民先后吸收黄国海、黄国升、黄国荣为中共党员。同年 12 月，中共茂电信工委王国强、车振伦、郑光民、钟正书等领导人在高岭咀村，召开茂电信各县地下党组织区级以上领导骨干会议，研究和部署积极开展武装斗争，扩大革命游击区的工作。会议期间，俞钧、黄国海、黄国升等人组织全村群众共同做好会议的安全保卫及与会人员的食宿等各项工作。1948 年冬，国民党茂名县自卫总队长杨爱周率兵进驻东才乡，准备“围剿”高岭咀一带的游击队。黄国海获悉后立即通知正在这里开会的郑光民、梁钜华等同志，及时安全转移。此后，杨爱周连续两次带兵前来“清剿”，都因群众闻讯即报，游击队及时转移，敌人连连扑空。

◆高岭咀村村貌

◆高岭咀村革命史迹纪念碑

东岸冼太庙——岑山地下交通联络站旧址

东岸冼太庙——岑山地下交通联络站旧址位于高州市东岸镇岑山村。

1945 年起，在中共地下党组织发动下，吴佩玉、吴德均参加抗日游击小组，并建立联络站。1946 年，吴大新、吴楚瑶、吴德建、吴玉均参加革命游击组织。茂北区委书记杨麟及何逢林、任绍基等经常到该村活动，指导工作。1946 年夏，东才乡改选，党员罗荣华、游击队员吴佩玉进入东才乡任职，截获很多有用情报，并基本掌握了乡政权。1947 年 10 月，国民党信宜县军警扫荡东乡，由于情报员及时送出情报，使当时在东才小学开会的中共信宜县特派员郑光民和茂北区委书记张虎等人得以安全撤走。解放战争期间，岑山交通站发动群众筹集枪支弹药，吴德彬、吴德建等人筹集驳壳枪 4 支及弹药一批。中共茂名县委委员陈以大、杨麟、梁钜华、俞辉、黎安柏、何逢林、列玉阶和俞瑛及武工队先后在此过往落脚。1949 年，下茂北党支部书记吴卓璧及吴至瑞、吴德建动员东才乡乡长吴福五于 1949 年 7 月率乡自卫队 30 多人到大簩起义。岑山交通站吴德彬、吴卓玉、吴卓琨、梁实翠、吴楚瑶、吴佩至等人加入革命队伍，成为革命骨干。

◆东岸圩冼太庙（地下党交通联络站）

八角山地下党活动遗址

八角山地下党活动遗址位于高州市宝光街道八角山村。

解放战争时期，中共化北工委派中共党员李锋、陈光带领武工队到茂西道平地区活动。1946 年 9 月，成立了八角山村农会，发动农民开展抗租税、减租减息斗争。1947 年，中共茂名县地下党组织指派熊夏武回八角山爵然中学任教，并在该校设立地下交通联系站，负责高州至化州的通讯联络。同年 7 月，就读于香港达德学院的熊宜武辍学回到八角山后加入茂西武工队。10 月，熊宜武加入中国共产党。他经党组织同意，回家说服母亲变卖部分田产，将卖田所得款（约二三百担稻谷总值）全部交给组织，

◆熊夏武旧居遗址

◆八角村革命史迹纪念碑

支援革命部队。1948 年，茂西武工队奉命转到信宜钱排、茶山石梯开辟新区，熊宜武随队北上。6 月 22 日，他留宿在芋荚塘村群众家中，被国民党军队包围，突围时不幸中弹牺牲。是年 11 月，留在八角山坚持地下活动的熊夏武和从广西转回的游击队员熊葵，遵照中共茂名县委的指示，利用宗亲关系，策动国民党祥莲乡乡长熊英元起义，从而增强了茂西地区革命斗争力量。

白云山冼太庙——马兰地下交通联络站旧址

白云山冼太庙——马兰地下交通联络站旧址位于高州市新垌镇马兰村。

◆白云山冼太庙

1946 年，党员邓培基受中共茂电信特派员陈华委派，回到新垌开展地下革命工作，发展建立了马兰、望坡联络交通站，受茂东区委领导，并以白云山冼太庙作为秘密联络点。茂东区委书记柯日轮、副书记李匡一、区委委员邓培基、陈淑坤经常在联络点开展革命活动。他们白天冼太庙等地隐蔽，夜晚下村开展地下革命工作。经过努力，吸收了梁池、梁建初、梁煦理、梁秀辉、梁梅生、梁世培、何坤培、何锡华、邓维均、邓锦元等人参加游击和民兵组织，并建立了农会。

旧圩武工队活动旧址

旧圩武工队活动旧址位于高州市深镇镇旧圩村。

该村原属国民党信宜县龙靓乡第二十一堡，在解放战争时期（1947—1949），中共茂北区委领导下的武工队，先后在这里建立了党组织，并领导村民开展革命斗争，开辟革命游击根据地。1947年2月，中共茂北区委委员杨麟与武工人员周宗岳到旧圩村，以摆药摊为掩护进行串联发动群众。3月，成立了深镇党支部，由杨麟任支部书记，开辟了深镇游击根据地“台湾区”，并于1947年9月成立了深镇临时区工委。该区通过武工队贯彻共产党的统战政策，副保长邓维彬、旧圩村的甲长邓旭文都支持武工队和革命群众的革命斗争，形成了“白皮红心”的两面政权。深镇旧圩村人民在三年的革命斗争中，积极地支持配合武工队开展反扫荡斗争，一直坚持到1949年9月深镇镇解放。1949年9月12日，以廖镇海为首的武工队在旧圩人民的配合下建立了深镇乡人民政府。

◆深镇旧圩地下交通联络站旧址（旧圩冼太庙）

又进武工队活动遗址

又进武工队活动遗址位于高州市深镇镇东塘村又进村民小组。

解放战争时期，在中共茂北区委及建立在深镇的党支部（“台湾区”党支部）的领导下，又进村人民配合武工队开展了革命斗争，建立了又进游击革命根据地。1947 年 4 月起，在深镇党支部领导下，武工队员黎日坤等到又进村组织发动群众参加游击斗争，并设立了武工队临时办公室。1947 成立又进村成立农会，卢华生任会长，农会会员迅速发展到 58 人，建立了民兵组织。1948 年秋，农会发动全村人民开展抗租抗税和废债等运动，同时，做伪保长、甲长的统战工作，建立“白皮红心的两面政权”。为壮大革命武装力量，中共茂北区委以深镇镇为基础，组建“大钊大队”游击队，又进村发动村民积极参加。1949 年 3 月 5 日至 15 日，国民党梅化清乡主任杨爱周先后 3 次带兵扫荡东塘各村庄。为使武工队员和革命群众及时安全转移，卢进南等四位乡队员挺身而出，最后遭敌人枪杀，光荣牺牲。

◆东塘村革命史迹纪念碑

浮山岭——茂电信独立六连战斗遗址

浮山岭——茂电信独立六连战斗遗址位于高州市根子镇浮山岭。

1946 年底，中共南路特委发动“遂、廉、化”会战，遭到国民党当局大规模“围剿”。中共南路特委指示茂电信大队加快开辟“茂、电、阳”游击区，牵制国民党对“遂、廉、化”游击区的围剿。茂电信党组织将茂电信大队整编为“独立六连”，连长梁振初，

◆独立六连战斗遗址（浮山岭冼太庙）

◆六连三战浮山岭革命史迹纪念碑

指导员钟正书。1947 年 4 月，中共茂电信军事特派员王国强率领六连向茂电阳山区进发，在观珠袭击了乡公所，缴获长枪十多支及物资一批。敌人调集 500 多人追击六连，六连退到浮山岭企石庙蜈蚣岭一带伏击，歼敌 20 多人。5 月初，国民党调集茂名保警队、自卫队、联防队、乡警 400 多人再次围攻六连，六连在浮山岭北麓冼太庙一带迎敌毙敌 10 多人。5 月下旬，国民党纠集茂名、电白、阳江三县兵力 2000 多人第三次围攻六连，六连退到浮山岭顶抗击敌军，击退敌人发动的 5 次进攻，毙伤敌 30 多人。入夜后，六连以夜色为掩护撤出阵地，转移到霞垌游击区。

村尾武工队活动遗址

村尾武工队活动遗址位于高州市深镇镇村尾村。

解放战争时期，中共茂北区委派书记杨麟、周宗岳等到深镇建立党支部，开辟了革命游击区“台湾区”。1947 年 6 月，中共“台湾区”党支部书记杨麟、武工队员梁准等人以做木材生意为名，到村尾村发动群众参加游击革命战争，成立了农会，盘明辉任农会长，并由李庆惠等 8 人在该村建立了民兵组织，组织群众开展减租抗税和直接镇压地主恶霸的斗争。1948 年 8 月，武工队组织革命群众对当地地主杨日初等进行了斗争，收缴稻谷 30 担、步枪 5 支。通过统战工作，在该村建立了“白皮红心的两面政权”。在组建游击队“大钊大队”时，有李庆惠等 11 户捐粮 30 担，捐枪 6 支。

◆佛子坳、村尾村革命史迹纪念碑

冯氏宗祠——大垌地下交通联络站遗址

冯氏宗祠（现老村小学）——大垌地下交通联络站遗址位于高州市东岸镇石古垌村大垌村民小组。

◆老村小学

1947年7月，根据上级党委指示，中共党员周文莲、余芝惠、周月等，在石古垌及良德、均墟十二伙灶一带组织武装工队，开辟了以“青岛区”为代号的游击活动区。茂北地区的革命活动，使敌人异常恐慌。1947年10月6日，国民党兵前来“围剿”，地下交通员及时报讯，当晚正在开会的中共信宜特派员郑光民、中共茂北区委书记张虎等20多人迅速转移脱险。同年12月初，国民党茂名、电白、信宜三县各派出一个县中队的兵力次再次来“扫荡”，由于我方情报及时，机动灵活，敌人扑了个空。

大应地下交通联络站遗址

◆大应村村貌

大应地下交通联络站遗址位于高州市大井镇大应村。

1947年夏，大井武工组长俞钧奉中共茂电信工委书记王国强之命，到大应村建立了大应交通站。交通站先后设在欧炽祥和欧叶三奶家里，欧炽祥任站长。中共茂名中心县委的王国强、林其材、车振伦、郑光民、钟正书、梁甫、叶锦、简常、熊夏武、何逢林、汤志道、卢国盛等曾到此从事革命活动。欧炽祥、欧叶三奶和村里的群众一如既往地热情接待革命同志，为他们烧水煮饭，送医送药，抢救伤员，收集情报，掩护革命同志脱险。欧叶三奶家贫，她拉黄牛抵债，卖掉母猪，上山打柴烧炭，多方筹款买米，采摘山果野菜，供革命同志吃用。1948年6月24日，欧叶三奶在大井圩赶集时，遇上叛徒而被捕，当敌人把她从乡公所提解出来，准备往大应村抓捕革命同志时，被大应村村民俞明立看见，俞迅速跑回大应报信，何逢林等4人得以安全撤出。欧叶三奶的儿子欧瑞桂、怀孕的媳妇任大嫂、堂叔欧炽祥等人被捕，1948年7月22日，欧叶三奶4人被敌人杀害于高州城东门岭。

沙田金坑战斗遗址

沙田金坑战斗遗址位于高州市沙田镇金坑村。

◆金坑战斗地点遗址

解放战争初期，中共茂电信特派员将下茂西的道平、沙顿、祥莲（今荷塘、沙田、镇江、祥山）革命工作划归化县中共化北工委领导。1947 年 4 月，成立了化茂边区人民政府，区长为李锋。1947 年 9 月，道平乡、沙顿乡、祥莲乡人民政府也相继成立。下茂西革命斗争蓬勃发展，引起了敌人的恐慌，敌人不断派兵扫荡。1948 年 3 月，化茂边区人民政府负责人叶宜劲与边区各乡一批负责人到道平乡东、存心、素南活动，被敌人发现，国民党道平乡副乡长率茂名县自卫队总队独立中队 200 多人前去包围。敌众我寡，叶宜劲等退到六王大峰山的金坑坳与敌人战斗，弹尽粮绝。叶宜劲和道平乡乡长卢俭龙、祥莲乡乡长卢初隆、沙顿乡乡长朱益昌、副乡长李煜文以及游击队员万秀武、梁振伟、黎信才等 8 人英勇牺牲。

古塘碉堡——茂北武工队活动旧址

古塘碉堡——茂北武工队活动旧址位于高州市平山镇古塘村水埒底村民小组。

◆古塘碉堡

1947 年，茂北武工队在此开展革命活动，碉堡是联络点之一。碉堡建筑造型独特，墙体厚度是一般墙体厚度的三倍，材料坚固，且墙体上建有很多用于射击的枪口，便于及时阻止敌人的进攻。当时参加的革命同志有廖镇海、黎应元、黎日坤、黎耀海等人，他们发动本家兄弟龙启芳、龙杰芳和三叉田村的龙肖芳、龙耀礼等参加革命活动。古塘村民积极参加活动，为革命同志提供食宿、通风报信，确保革命同志的安全。1947 年尾到 1948 年间，敌人开展疯狂的大扫荡，古塘村民协助革命同志以碉堡为掩护组织反击。

茂名县独立大队（大钊大队）成立旧址

茂名县独立大队（大钊大队）成立旧址位于高州市深镇镇良平村文坡村民小组。

◆文坡、苏坑革命史迹纪念碑

文坡村解放前属信宜县龙靓乡（今深镇、古丁）。1947 年初，杨麟与周宗岳受党派遣到龙靓乡活动，建立了一支 10 多人的武工队，队员有梁准、李文新、梁世彬、毛陈生、李南、盘日昌等。黄祖文和简常后来也调到龙靓乡，成立了党支部，杨麟任支部书记。1948 年 8 月，中共茂电信工委决定建立主力部队，各县组建一个县大队。1949 年 2 月，茂名县独立大队（代号“大钊大队”）正式在文坡村成立，大队长刘绍兰，政委杨麟，全队 80 多人。大钊大队建立不久，即奉命转到信宜罗定边境活动，建立游击区。龙靓乡的革命活动引起敌人的恐慌。1949 年 3、4 月

◆文坡村、苏坑村革命活动旧址

间，国民党茂名县自卫总队长杨爱周率兵反复“扫荡”茂北地区，对龙靓乡的“扫荡”尤其残酷，在苏坑、文坡、横坑、禾仓等村庄逮捕地下工作者和群众70多人，杀害李庆惠、卢再弦等11人。

塘背地下交通联络站遗址

塘背地下交通联络站遗址位于高州市石仔岭街道塘背村塘背小学。

塘背村联络站负责人是中共党员陈昭正，副指挥是里麻村人车克猷，共有10多名成员参与该地下党组织的交通联络工作。1948年，为了适应革命斗争需要，陈昭正把塘背村的交通联络站，从原来的两三人逐步扩展到车克游、陈世炎、陈积章、陈荣章、陈昭拭、陈富元、陈昭达、陈华燕、陈雅、陈伟元、陈维章等多个联络点，在革命战争年代，他们负责传送情报，接送上级领导，转移革命同志，掩护伤病员疗养，转运枪支弹药，并发动群众参军，积极筹款筹粮支援前线等做了大量工作。在一次战斗中，陈昭正英勇牺牲。

◆塘背小学

◆塘背村牌楼

保安中学革命活动遗址

保安中学革命活动遗址位于高州市分界镇分界中学。

分界中学，前身是茂名县私立保安中学。1948年，中共党员朱华基进入该校任教导主任。1948年下半年，党员冯柱朝进入该校任教师。朱、冯两人在校内秘密传发毛泽东的《新民主主义》、《论联合政府》等文单，提高师生的觉悟和对时局的认识。1949年1月，朱华基发展了学生张辉光（张斯斯）、张焕中、罗绮云等3人参加革命游击小组。同年3月，经中共茂东区委副书记李匡一批准，发展张辉光等3人为中国新民主主义青年团团员。同年5月，正式建立地下团支部，张辉光任支部书记。1949年3月至5月间，在中共茂东区委副书记李匡一直接领导下，该校学生发起了一场大规模的罢课运动，迫使反动当局撤换了校长、训育主任、流氓教师。1949年下半年，该校游击小组成员和青年团员，联合在校任教的茂名县文教界新民主主义革命委员会成员朱耀文进行筹款筹枪活动，筹得驳壳枪两枝、子弹300发，稻谷40担，支持地下游击队，为人民解放事业作出了贡献。

◆分界中学内革命史迹纪念地点

金坑地下交通联络总站、“黑龙江游击区”指挥部遗址

金坑地下交通联络总站、“黑龙江游击区”指挥部遗址位于高州市荷花镇平棉村金坑村民小组。

1949年3月，中共高州地委派茂名县委委员梁振初以及夏禹勤到上茂西加强武装斗争工作。梁振初在上茂西建立金坑交通总站，成立了武工队，以梁奕毅为队长。发展新党员和建立团组织，壮大革命力量。1949年8月成立了团支部，书记夏禹勤。武

◆金坑村革命史迹纪念碑

◆金坑地下交通联络总站、“黑龙江游击区”指挥部遗址

工队成立后，收缴地主武装，征集粮食，打击土豪劣绅，争取开明绅士。经过艰苦工作，梁振初开辟了地跨两省（区）三县的游击区“黑龙江区”。金抗交通总站东有山马分站（石板），西有万丈埇分站（广西北流），南有涧头垌分站（化县），各分站下设联络点，联络网遍布整个“黑龙江区”。1949 年 8 月，中共茂名县委奉命组建十四团，以茂北、茂东、茂南为基础，茂西亦组建了三个连队，编入十四团第一营。指挥部设于金坑，梁振初负责指挥。1949 年 11 月 1 日夜，第一营三个连队在梁振初指挥下，解放了张家堡，随后又参加解放宝圩的战斗。

石堡祠——化北茂西阻击战指挥部旧址

石堡祠——化北茂西阻击战指挥部旧址位于高州市南塘镇丰垌村。

杨氏石堡祠建于清朝咸丰年。1949 年，国民党白崇禧部发动“南线攻势”，准备从广西经茂名逃至海南。解放军 14 军 41 师等在今高州市南塘圩至化州宝圩之间进行阻击，当时 41 师指挥部就设在石堡祠。周围的石坑岭、仙坑笔架岭、亚公髻岭、马蹄岭深挖战壕，驻守着 14 军 41 师各旅团战士。战地电话线从石堡祠牵引到各阵地指挥所。11 月 26 日，阻击战正式打响，沿线不少群众在当地党组织下积极支援前线，护送伤员等。在石坑岭激战中，附近几个村庄的甲长在仙坑村甲长杨兆湖的带领下，与解放军战士一起到仙坑村地主杨景茗家开谷仓征用稻谷 30 多担，由群众磨谷加工成大米送到营地，不少群众自动送去蔬菜、

◆石堡祠正门

◆石堡祠内部

番薯、大米等慰劳解放军。11 月 27 日至 29 日，敌军在飞机掩护下，先后 5 次向石坑岭等阵地发动猛烈进攻，均被 41 师击退。41 师俘虏了包括敌第七军军长阎仁毅在内的一批官兵，取得了阻击战的胜利，为解放海南岛奠定了基础。

梁昌东故居

梁昌东故居位于高州市长坡镇旧城村委会城里村。

梁昌东 (1910—1987)，高州市长坡镇旧城村人。

梁昌东于 1934 年考入广州国立法科学院政治系，1938 年毕业后在高州参加革命工作。1939 年春，参加中国共产党。同年 7 月张炎的学生队成立，梁任第二中队副中队长，他在队内秘密建立中共党支部，任书记。民主革命时期，梁昌东先后任茂名武装部队负责人，中共南路支部书记，阳江漠南县工委委员兼漠南大队副政委、政治部主任，阳江县委委员兼第八团政治处主任。1949 年 5 月，任中共茂名县委副书记兼茂名县县长。

梁昌东故居面积 160 平方米，大部分已经拆建，小部分保存已残旧，已分给群众居住。

◆梁昌东故居正门

◆梁昌东故居东侧

张虎故居

张虎故居位于高州市东岸镇双利村。

张虎，高州市东岸镇双利村委会里坑村人，解放战争时期曾任中共茂北区委书记。

张虎家祖宅约建于 1890 年，在革命中作为革命联络点和根据地，党组织经常在他家开展革命活动。张虎与家乡联系密切，经常回家组织做宣传发动工作。1940 年他多次回家发动同村张达荣参加革命当通讯员，但张达荣当时因年幼未能参加。张虎回乡宣传革命期间基本上不敢在家休息，经常在屋背岭的坟地及大松树底下过夜。1943 年秋，张虎回家联系工作时，被国民党反动派发现，曹江区政府连夜派人包围张宅捉拿张虎，因张虎不在家过夜，其父张汝杰及其兄张裔芬被捉去监禁威逼，要求其交出张虎。未果，国民党区政府当局强迫张汝杰交20担谷才其放回家，张汝杰被折磨了20多天才被释放。

◆张虎故居

罗秋云故居

罗秋云故居位于高州市金山街道办板桥村。

罗秋云，高州市金山街道板桥村人，生于1916年。1939年参加张炎学生队，1940年受党组织派遣回文洞乡任乡长，秘密发动群众开展革命武装斗争，建立“白皮红心”政权，在抗日救亡及解放斗争中作出了突出贡献。罗秋云家全力支持罗秋云的革命工作，倾尽家财为游击队筹枪、筹粮，罗秋云家成为当时游击队的秘密驻地。1944年茂西大垌铺夺枪战斗中，罗秋云作为副总指挥身先士卒，英勇作战，身负重伤。其妻董秀英在革命斗争中被捕牺牲。解放后，罗秋云先后任茂名第三区（即公馆）区长、茂名县府秘书长、广东省民政厅秘书长。1986年在广州病逝。

◆罗秋云故居

罗秋云故居始建于1858年左右，建筑面积约350平方，为三踏四廊带门楼的旧大宅。该宅建筑宏伟，结构严密，门楼上建造十字枪眼，用于防卫。该宅历经一百多年风雨侵蚀、虫蚁损坏，已显破败。因缺乏修缮已有一踏倒塌，门楼阁楼木已腐烂，门窗、瓦面、墙体等都有不同程度损坏。

李文新故居

李文新故居位于高州市长坡镇圩尾村。

◆李文新故居

李文新于1946年投身地下革命。1949年初，李文新受茂北区委派遣，在茂东北的云炉、佛莲一带开展革命活动，历任茂北和茂东区委委员等职。1946年6月，李文新在云炉、佛莲一带成立了党支部，先后发展周祖文、周晓文、汤祖柑、许树森等同志入党，培养了周积文、许树新、冼维佳、冼卓英等四位积极分子为入党对象。随着党组织的建立和发展，骨干队伍的逐步扩大，使这个地区的革命斗争进一步兴起。

张永强烈士墓

张永强烈士墓位于高州市长坡镇设教村。

◆张永强烈士墓

张永强是茂北区早期游击队队员之一。张永强与单竹根的廖进海等以开武馆授徒的形式，开展地下游击活动。在一次送信给家乡党组织时，张永强被国民党乡兵包围，追赶到门口岭半山抓住并杀害，牺牲时约27岁。

吴汉兴烈士墓

吴汉兴烈士墓位于高州市泗水镇凤塘村禾塘坡村民小组。

吴汉兴，泗水镇凤塘禾塘坡村人，是泗水地区最早参加革命的中共党员之一。他 1942 年考取高州中学，在学校开始接触进步思想，接受马克思主义。1944 年春参加党组织的游击小组，成为游击小组的武工队员。同年 10 月响应中共南路党组织号召，回到家乡发展游击组织，领导群众开展武装斗争。1945 年 6 月，吴汉兴加入中国共产党，此后活动在茂名、吴川、高州的交通线，发展了一大批中共党员，壮大了地下游击武装队伍。1949 年 5 月 4 日，吴汉兴因病住在分界龚屋村，由于叛徒出卖，被国民党分界区公所保安队 50 多人包围，在突围中壮烈牺牲，年仅 22 岁。

◆吴汉兴烈士墓

车友佳烈士墓

车友佳烈士墓位于高州市金山街道陈垌村。

◆车友佳烈士墓碑

◆车友佳烈士墓

车友佳，生于 1916 年，高州市金山街道陈垌村陈垌圩（原高州县泗水公社陈垌大队陈垌圩）人，1944 年参加革命，是茂东区交通员，后加入中国共产党，主要从事地下通信联络、收集情报等工作。他利用自己的居屋为游击队提供会议场所，为游击队作掩护、筹粮、筹款、通信等。1946 年 9 月被人出卖被捕，宁死不屈，在陈垌庙仔岭被害。

高州市革命烈士陵园

高州市革命烈士陵园位于高州市城区观山。

◆高州市革命烈士陵园

新民主主义革命时期，高州地区有 200 多名革命战士为人民和民族解放英勇奋斗而光荣献身。他们当中有南路农民领袖黄平民、朱也赤等领导人，有抗日和解放战争时期游击队的领导人以及一些地方党的领导人黄载源、梁宏道、梁德玉、田耕等。1957 年 7 月，高州着手兴建烈士陵园，把朱也赤、黄平民等烈士的遗骨迁葬到烈士陵园，1959 年 9 月扩建成园。

烈士陵园分陵门、陵碑、陵墓三区。陵门为三拱牌楼式结构，前后顺随山势设步级而上。陵碑区内建有皇冠式纪念碑一座，四周镶嵌刻记述录烈士斗争概况，陵墓区为收集和安葬烈士遗骨之所。陵园四周砌有砖石墓墙，园内建筑结构紧凑，庄严肃穆。由墓墙往外 9 米内为陵园的重点保护区。

高州市革命烈士陵园于 1994 年 11 月被高州市人民政府公布为高州市文物保护单位，1995 年 10 月被茂名市委、茂名市人民政府公布为茂名市爱国主义教育基地。

◆高州市革命烈士纪念碑

云潭革命烈士陵园

云潭革命烈士陵园位于高州市云潭镇。

云潭地区是高州党组织在民主革命时期的几个革命根据地之一。抗日战争初期，中共南路党组织派出工作队到云潭地区开展革命活动，先后在珍珠、企水建立了两个党支部，发展了一批中共党员，后来在榕木塘又建立了一个党支部。解放战争时期，在云潭建立中共云潭区委，后称中共茂东区委和云潭上乡党支部。1944 年 11 月，成立云潭革命军事委员会，组建茂东抗日游击大队，1949 年 5 月，由茂名县委负责组建的中国人民解放军粤桂边纵队第 5 支队第 14 团，其团部设于云潭大垌村内，为高州地区的民族解放运动作出了积极贡献。云潭人民在长期的革命斗争中，表现了高度的革命精神和英雄气概。在历次的斗争中英勇献身的革命志士有张桂秋、张樟材、占亚何、曹凤杰等 14 名。1964 年，政府在云潭镇建立革命烈士陵园，1995 年，在陵园内建置了云潭革命烈士纪念碑。

◆云潭镇革命烈士纪念碑

◆云潭镇革命烈士陵园纪念碑

沙田革命纪念室

沙田革命纪念室位于高州市沙田镇。

沙田革命纪念室，是为了纪念抗日战争时期和解放战争时期，沙田镇人民在中国共产党的领导下同国民党反动派和日本侵略者进行英勇斗争的光辉历史而修建的，目的是让广大群众、青少年缅怀革命先烈，学习革命传统，为中华民族的崛起而努力奋斗。

◆沙田革命纪念室正门

高州西部革命烈士陵园

高州西部革命烈士陵园位于高州市沙田镇。

◆高州西部革命烈士纪念碑

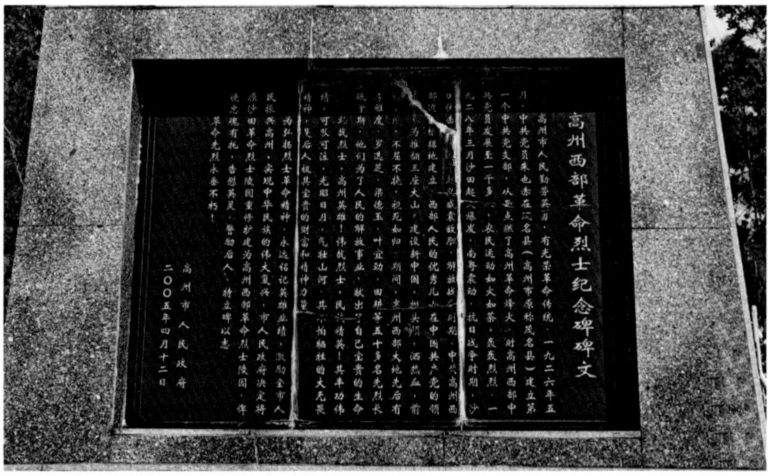

◆高州西部革命烈士纪念碑碑文

1926年5月，中共党员朱也赤在茂名县建立第一个中共党员支部，从而点燃了高州革命烽火。高州西部、中部共产党员发展至1000多人，农民运动如火如荼。1928年3月沙田起义爆发，南粤震动。抗日战争时期，沙田伏击战，道平起义威敌胆。解放战争时期，中共高州西部边区根据地建立。西部人民的优秀儿女在中国共产党的领导下，为推翻三座大山，建设新中国，抛头颅，洒热血，前仆后继，不屈不挠，视死如归。期间，高州西部大地先后有李雅度、罗选芝、梁德玉、叶宜劲、田耕等50多名先烈长眠于斯，他们为了人民的解放事业，献出了自己宝贵的生命。为弘扬烈士革命精神，高州市人民政府将原沙田革命烈士陵园重修扩建为高州西部革命烈士陵园。

化州市

商贤书室——大革命时期化县党政军机关旧址

◆商贤书室（历史照片）

商贤书室——大革命时期化县党政军机关旧址位于化州市区中山路。

1925年10月，中共广东区委及广东省农民协会任命共产党员、广东农民运动讲习所第五届毕业学员卢宝炫（卢中火）为广东省农民协会特派员，到化县领导开展农民运动、职工运动、学生运动和发展共产党组织。卢到化县后，住在商贤书室，与共产党员、国民党化县党部筹备员朱光震一起深入城乡，发动群众，先后培养发展了黄玉山、黄立邦、凌霄、戴同先、劳光文等一批共产党员、共青团员；建立了县、区、乡三级的农民协会、组织农民自卫军和成立了共产党、共青团、工会等县一级组织，把革命运动推向高潮。1926年8月，成立中共化县支部，卢宝炫任支部书记。同年9月，化县农民自卫军大队成立，由广东农民协会农军总部派来的黄埔军校毕业生黄楠任大队长。同年12月，化县农民协会成立，下辖全县七个区的农民协会，共有会员一万多人，农会主席是卢宝炫。中共化县支部、化县农军总部和化县农民协会总部均设在商贤书室（彭家馆）。

彭氏祖屋——中共南路特委机关旧址

彭氏祖屋——中共南路特委机关旧址位于化州市笪桥镇横岭村。

1927年7月，中共广东特委委派彭中英回南路任南路特委书记兼南路农民自卫军总指挥，特委机关设在横岭村彭氏祖屋。他与特委成员杨石魂、李植庸、陈信材、卢宝炫等在横岭村发展党员，成立中共横岭村支部。在广东特委和南路特委的领导下，

◆彭氏祖屋正门

1928年1月成立了中共化县县委，随后成立暴动委员会，革命暴动工作搞得十分出色。化县一度成为南路党组织的工作中心、交通中心和暴动中心。1940年起，中共化县特支书记叶信芳到横岭村，在彭中英安排下，叶信芳到国民党榕树乡公所当文书，秘密开展大革命失败后化县的建党工作。中共南路特委书记周楠和阮明、莫怀、余明炎、梁标、黄景文、李夏湘、邓俭等一批共产党人到横岭村指导抗日。在抗日战争和解放战争时期，化县党组织领导人和大批游击队员经常到彭氏祖屋住宿，开展革命活动。

◆横岭村革命遗址碑志

健朴小学——中共化县特别支部成立遗址

健朴小学——中共化县特别支部成立遗址位于化州市合江镇禾堂岭村狮子墩村民小组健朴小学。

1940年6月，中共南路特委派共产党员叶信芳到化县组建中共化县特别支部。8月，叶信芳在合江狮子墩健朴小学校董黄德辉的支持下，成立中共化县特别支部，叶信芳任书记，支部直接由南路特委组织部长温焯华领导。这是化县自1929年第二次国内革命战争失败以来重建的第一个领导全县工作的党组织机构。9月，化县特支在健朴小学召开第二次特支会议，决定成立狮子墩和黄槐两个党支部。同时，特支在化城解放路开设永兴书店，作为党组织的宣传阵地、地下交通联络站及中共高雷地区革命活动的中转站。11月初，特支书记叶信芳因暴露被调走。12月，南路特委任命黄明德为化县第二任特支书记，特支机关迁到甘表小学。

◆健朴小学正门

甘表小学——中共化县特别支部机关旧址

甘表小学——中共化县特别支部机关旧址位于化州市新安镇甘表村甘表小学。

1940年12月，中共南路特委任命黄明德为化县第二任特支书记，把特支机关从合江健朴小学迁到新安甘表小学。同时，特支在新安圩开设广利小客栈，党员马生当店员，以此作掩护，以单线联系的方式开展工作。“皖南事变”后，为适应斗争新形势，黄明德贯彻上级党组织指示，严密党的组织，要求党员一律职业化，对全县党员进行了全面审查、整顿和清理，纯洁党的组织。同时，黄明德加强统战工作，主动团结庞成、李照宇、文邵昌等开明人士，取得他们的支持，为党员安排社会职业。1941年8月，黄明德因暴露调走，广利客栈由叶超接管。黄明德在甘表小学和广利客栈工作不到一年，纯洁了化县党组织，增强了党组织的战斗力。

◆甘表小学旧址

◆广利客栈旧址

四育小学——中共化县特派员活动遗址

四育小学——中共化县特派员活动遗址位于化州市合江镇新车村车头村民小组。

1941年起，中共南路特委先后派共产党员许铭庄和特派员陈醒亚到四育小学，秘密领导化县党的工作和开展抗日救亡活动。陈醒亚在李锋等党员和周边群众的支持下，执行特委指示，加强党组织建设，部署全县工作。1944年1月，陈醒亚离开四育小学到化南继续领导抗日，化北党组织工作由李锋负责，党员黄汉川、陈明先后到该校继续开展革命活动。陈醒亚在四育小学活动期间，积极领导全县党组织工作和开展抗日救亡活动，使化县党组织和抗日武装力量不断发展壮大，为化县后来的革命武装斗争打下了坚实基础。

◆四育小学正门

五镜庙——长岐税站旧址

五境庙——长岐税站旧址位于化州市长岐镇与吴川市交界处的新塘儿村。

1946年春，中共化吴工委决定在五境庙成立税站，对过往船只收税，征得了大量财物，并多次截击国民党军需运输船和运兵船，缴获大批财物和遣散了大批新兵。税站所收税款物资上缴中共化吴工委军需处，然后上调粤桂边纵司

◆五镜庙远景

令部，有力地支援了化吴廉地区革命斗争。同时，当地革命群众冒着毁家杀头的危险，经常为征税人员站岗放哨，送情报，送衣送食，掩护、支持征税人员及武工队，粉碎了敌人对税站的多次扫荡，使税站一直坚持征税至当地解放。

陈氏宗祠——巷口地下党活动旧址

◆巷口陈氏宗祠

陈氏宗祠——巷口地下党活动旧址位于化州市宝圩镇巷口村。

1946 年起，党组织先后派共产党员陈宪、梁振初、周文连等到巷口等村活动，中共化吴中心县委书记罗明、李郁，中共茂电信工委书记王国强和李鸿、庞铁魂、王世坦等常到此指导工作。他们以陈氏宗祠为据点，发动群众参加革命，建立大塘党支部和大坡、高岭党小组；成立农会、巷口村级政权和游击队，做好统战工作，建立“白皮红心”两面政权。1949 年 2 月，巷口成立东江区游击队和以“边站”为代号的地下交通联络站。8 月，巷口游击队编入粤桂边纵队第五支队第五连，参加了解放宝圩等乡、围歼国民党白崇禧部队等战斗。

◆巷口陈氏宗祠革命遗址纪念碑

◆巷口陈氏宗祠纪念亭及纪念碑

旺塘地下交通联络站旧址

◆旺塘村化北交通联络站旧址

旺塘地下交通联络站旧址位于化州市江湖镇旺塘村。

1925年起，中共化县特支书记卢宝炫、共产党员朱光震、朱也赤等来到旺塘村开展农民运动，在进步村民劳光文帮助下，发展了大批青年参加农会，成立农民自卫军，建立地下交通联络站，成立江湖乡农会，组织村中农军参加了化县五区暴动。

抗日战争爆发后，劳光文参加化县抗日救亡乡村工作队，返回家乡宣传抗日。1942年起，李郁、李鸿等一大批党员骨干到旺塘村活动，中共化县特派员陈醒亚常到此指导工作。随后，在劳光文家建立了化北地下交通联络站，为地下党和游击队送信送情报。

彭氏宗祠——中共化县特别支部活动旧址

◆彭氏宗祠

彭氏宗祠——中共化县特别支部活动旧址位于化州市新安镇旧圩。

1924年，彭心启、彭柏松等进步人士在新安“彭氏宗祠”创办了化新小学，彭柏松出任首任校长，传播民主革命思想。1926年，彭柏松参加中国共产党，后任县农军大队长，彭举廷、彭心启为县农会执委，他们以彭氏宗祠为革命活动据点，成立农会和农军组织。1927年8月，中共南路特委书记彭中英到彭氏宗祠活动，指导革命工作。

11 月，彭柏松等在彭氏宗祠组建了一支农民起义军，徒步开往省城参加广州起义。

抗日战争爆发后，彭氏族人在彭氏宗祠创办了化县新安初级中学。1941 年 2 月，黄明德任中共化县特支书记，把特支机关从合江狮子墩迁到新安甘表村，并在新安圩开设广利客栈（距离彭氏宗祠 300 米），作为领导和联络各地党员的秘密地点。黄明德、叶超与当地群众交上朋友，经常到彭氏宗祠对群众进行抗日宣传。黄明德调离后，党员叶超（叶卓琼）、郑世英等到此活动，以此为据点，建立地下交通联络站，发动进步学生宣传抗日。

彭氏宗祠始建于明末清初，祠内建筑为一正四副，三进并立，三门齐开，为彭氏族人议事场所。

钟灵宫庙、五房祠——西湾村党支部旧址

钟灵公庙、五房祠——西湾村党支部旧址位于化州市长岐镇西湾村。

1943 年起，李一鸣受党组织派遣返回西湾村发动群众抗日，他以钟灵公庙、五房祠为活动据点，培养吸收李兴基、李植森入党，成立西湾村党支部，李一鸣任书记。西湾党支部以抗日为名，发动群众成立“同心会”、睇垌会、“招英馆”等群众组织；收集村中枪械，发展李亚苏、李金水等参加地下军；加强统战，建立“白皮红心”两面政权。1945 年 1 月 13 日，李一鸣率西湾村地下军 60 多人举行抗日武装起义，打下南安乡公所，收缴枪械一批，烧毁钱粮壮丁册，开仓分粮。后会合其他起义部队攻打南岐、罗安、三民乡公所，成立南路抗日游击队第四大队，李一鸣任大队长。起义受挫后，李一鸣返回西湾村，继续发动群众坚持斗争。1946 年，李一鸣北撤，李植森任党支部书记，发展李植槐、李宗朝、李永兴、李海仁等参

◆西湾钟灵宫

◆西湾五房祠

加游击队，成立地下交通联络站，坚持革命斗争。

茅山堂祠堂——茅山堂村党支部及城南、上郭农民协会旧址

茅山堂祠堂——茅山堂村党支部及城南、上郭农民协会旧址位于化州市河西街道。

1926年1月，共产党员卢宝炫、朱光震等到茅山堂村开展革命活动。4月，卢宝炫介绍黄玉山入党，黄玉山与凌霄、张家善等人成立党小组，黄玉山任组长。5月，在村祠堂成立城南、上郭两乡为一体的农民协会。12月，由黄玉山介绍，吸收黄福位、黄瑞丰入党，成立茅山堂村党支部，黄玉山任支部书记。

1927年11月，黄玉山等挑选农军80多人，集中在茅山堂祠堂，北上参加广州起义，途经阳江县境时，被当地敌人派兵截击，因缺乏作战经验被敌人打散。1928年7月，黄玉山等挑选农军160多人，与外乡农军一起共200多人组成攻城先锋队，准备从宝岭打开缺口进县城，因敌人防守严密、农军战斗力不强等原因，这次暴动没有成功。

◆茅山堂祠堂

樟村小学——樟村村党支部旧址

樟村小学——樟村村党支部旧址位于化州市河西街道樟村村。

1926年春，中共化县特派员卢宝炫派共产党员戴同先回家乡樟村开展革命活动。

戴同先在村中创办樟村戴氏国民学校（现樟村小学），举办民众夜校班，向农民和学生灌输革命思想；在文头岭主持召开北镇乡农民协会成立大会，被选为该农会主席。在他的领导下，樟村农民运动搞得热火朝天。

◆樟村小学远景

抗日战争和解放战争时期，李鸿、李郁等地下党骨干经常到樟村开展革命活动。他们以戴氏国民学校为活动据点，成立樟村党支部；发展戴德有、戴德汉、戴亚养等参加地下游击小组；发动群众，成立农会、妇女会、民兵等组织，积极为地下党和游击队站岗放哨，送信带路，筹款筹粮和开展减租减息。

化州孔庙——化县第一中学临时党支部旧址

化州孔庙——化县第一中学临时党支部旧址位于化州市区。

化县第一中学(以下简称化一中)创建于1914年，校址设在现化州孔庙。1939年1月，抗日爱国将领张炎将军撤销了思想反动的原化一中校长职务，派其秘书周曼青任校长，推动化一中抗日宣传。随后，共产党员阮明到化县负责筹建党组织，派党员谢玖、谭葆英、谭国模和进步青年黄景文等到化一中及南星补习班任教，开展恢复化县党组织活动。5月，化一中掀起了“保周反黄”学潮。学潮后，谢玖、谭葆英把进步学生罗锦清、陈伟、陈升华等吸收入党，组成化一中临时支部。7月，谢玖率李郁、黄兆年、陈葆、李应江、周衍英、林桂等进步学生到高州参加抗日学生队，随后加入党组织。1942年春，化县特派员陈醒亚派李郁负责化一中党务，并通过化一中校长陈诚，把党员李惠霞、刘炳桑调入化一中

◆化州孔庙

任教，加强化一中的领导力量。1944年春，李郁、李应江、陈宪等发展了70多学生组成抗日地下军，并利用体育课进行军事学习和训练。1945年1月，李郁率化一中抗日地下军参加了化县党组织举行的化廉边人民抗日武装起义。

◆化州市第一中学正门

化州孔庙于2003年7月被广东省人民政府公布为广东省文物保护单位。

黎氏宗祠——大坡地下党活动旧址

黎氏宗祠——大坡地下党活动旧址位于化州市河西街道大坡村。

◆黎氏宗祠

1944年，梁崇兴、吴成东等进步青年受党组织委派到大坡小学（黎氏宗祠）任教，秘密开展革命活动。李鸿、邹贞业等领导和革命骨干经常到大坡、横岭、黄竹、钦山等村发动群众，宣传革命。陈醒亚、唐彪、罗明、李郁等中共化县领导人多次到此指导工作。他们以黎氏宗祠为据点，召开会议，发展黎士林、黎贞仕等参加革命，吸收黎士林等入党。在革命战争时期，大坡、黄竹、横岭、钦山等村有黎志恩、黎士林、黎玉富等参加中国共产党和共青团，数十人参军参战，数百群众参加革命活动。该村遭敌多次“围剿”，十多人被迫害，为国捐躯。

高步仙娘庙——中共化县县委机关、化县第五区农会旧址

高步仙娘庙——中共化县县委机关、化县第五区农会旧址位于化州市合江镇高步村。

1926年起，共产党员吴家槐、梁创洲、黄立邦等在合江高步等一带村庄开展革命活动。中共南路特委常委周颂年、化县特支书记卢宝炫常到此指导工作。他们以仙娘庙为活动据点，发动群众，传播革命思想。1926年2月5日，在仙娘庙召开高步乡农会成立大会，成立区（当时属化县第五区）农会，带领农民惩罚土豪劣绅，实行减租减息。1928年1月，中共化县县委会成立，吴家槐任县委书记，他经常深入高步等各乡村发展党员和组织农民武装，县委机关曾一度设在仙娘庙。3月，吴家槐率高步100多名农军支援高州沙田暴动，这批农军经过战火洗礼后成为化县五区暴动主力。

◆高步仙娘庙

广应堂——坡石村党支部及地下交通联络站旧址

广应堂——坡石村党支部及地下交通联络站旧址位于化州市河西街道坡石村。

◆广应堂——坡石村党支部及地下交通联络站旧址

第一次国内革命战争时期，上坡石村的陈超发、陈超起、陈超文等在党组织的领导下，在广应堂成立了农民协会，参加武装暴动。抗日战争爆发后，刘炳燊、李郁、李鸿、唐多慧、罗明、叶宗屿、陈岱东、陈任华、邹贞业等党组织领导人到该村开展革命活动。他们以广应堂为活动据点，召开会议，举办民众夜校班，开展革命宣传，培养吸收党员，成立党支部、地下游击小组、建立了“白皮红心”两面政权。成立交通联络总站，接待和掩护了大批革命领导骨干和游击队员。

三里堂会馆——禾里地下党活动旧址

三里堂会馆——禾里地下党活动旧址位于化州市下郭街道禾里村。

◆三里堂会馆——禾里地下党活动旧址

1926年春，中共广东区委及广东省农民协会派卢宝炫到化县领导开展农民运动、职工运动、学生运动和发展共产党组织，卢宝炫经常深入城南乡禾里村指导农民运动。在卢宝炫和张家善（禾里乡支部书记）等人的发动和组织下，以三里堂会馆为革命据点，培养吸收了梁振义、梁祖棠和郑盛荣等加入党组织，成立了禾里村党小组；发动农民成立村农民协会。1927年11月，该村20多名农军在三里堂会馆集中，支援广州起义。1928年5月3日，组织村民50多人到县城参加纪念“五四”运动九周年爱国示威游行；同年7月，组织农军40多名参加化县夏收暴动。抗日战争和解放战争时期，党组织在三里堂会馆建立地下交通联络站，恢复了党的活动，成立了党小组。禾里村在化县党组织领导下，成立农会和村级政权，动员10多名青年参军参战，发动100多名群众参加革命活动。

水路祠堂、竹栏仙娘庙——水路村党支部旧址

水路祠堂、竹栏仙娘庙——水路村党支部旧址位于化州市丽岗镇水路村。

1936年，水路村青年梁登仕参加张炎抗日学生队。1940年5月，学生队解散后，梁登仕返尖岗山脚小学任教，秘密开展抗日宣传活动。1942年起，梁登仕加入党组织后，

◆水路祠堂

◆竹栏仙娘庙

返家乡水路、庞山、下榕塘、竹栏、陈什等村庄，以水路祠堂、竹栏仙娘庙为活动据点，发动群众，宣传抗日救国道理；成立农会，组织群众开展减租减息，为革命同志站岗放哨等；以“睇垌队”为名，收集村中枪械组织地下军；培养吸收梁耀增、梁登传、梁登华、梁登南、梁振芳、梁登林、麦茂信等入党，成立水路村党支部。李郁、李鸿、邹贞业等党组织领导人及游击队员经常在这里活动。

冷水村农军枪械修理所旧址

冷水村农军枪械修理所旧址位于化州市丽岗镇赤坎村冷水村民小组。

1925 年，共产党员卢宝炫、朱光震到尖岗上乡冷水村、新六坡、金根、赤坎等村宣传革命。1927 年 2 月，朱光震培养吸收了吴树芳、刘志贤、姚天源、姚兴西入党，成立党支部。党支部组织发动群众清算原反动乡长兼民团排长贪污罪行，迫使其离职，推举尖岗上乡农会主席、共产党员吴树芳兼任乡长和民团排长。吴任职后，整顿民团，把民团整编为三个分队，由共产党员吴树芳、姚兴西、周炳辉任分队长，使尖岗上乡政权牢牢地掌握在共产党人手中。

“四一二”反革命政变后，中共南路特委决定以化县五区为暴动中心，成立暴动委员会。9 月，为响应暴动，吴树芳将尖岗上乡民团合并为农民自卫军，武装队伍达 300 多人。为解决枪支弹药问题，除从民间收集购买外，还在冷水村办起枪械修理所。枪械修

◆农军枪械修理所遗址

理所办了近一年，制造了大批枪支弹药，尖岗上乡农民自卫军每人都配备了枪支，并且还供应给五区农军和高州沙田农军，有力地支援了武装暴动。

文昌庙——高坡地下党活动旧址

◆文昌庙——高坡地下党活动旧址

文昌庙——高坡村地下党活动旧址位于化州市合江镇同志堡村高坡村民小组。

第一次国内革命战争时期，华祝美村青年刘付骐到法国留学，在巴黎中共旅欧支部加入中国共产党。1927 年春奉命回国，先后任中共广宁县特派员、中共南路特委委员。同年 11 月，参加了广州起义，起义失败后返回家乡，在村高文小学（校址文昌庙）任教，并将村名“桐梓岭堡”改为“同志堡”，表示将家乡作为革命堡垒，把革命进行到底的坚定信心。

抗日战争和解放战争时期，李鸿、黄鹄、李锋、王世坦、庞铁魂等大批共产党员到同志堡高坡、华祝美村开展革命活动，以文昌庙为活动据点，开展革命宣传，发展了刘付琳、刘付翠等一大批青年参加革命。1946 年，李锋吸收刘付琳、刘付翠云入党。1946 年冬，组织群众成立同心会、吊耕会、姐妹会等组织，组建武装中队参加高灯笼武装暴动。1947 年春，在文昌庙成立农会和村级政权，为武工队站岗放哨，筹钱筹粮，支援区乡武装及化北独立大队。

福田寺——华祝美地下交通联络站旧址

◆福田寺革命据点遗址纪念碑

福田寺——华祝美地下交通联络站旧址位于化州市合江镇同志堡村华祝美村民小组。

抗日战争和解放战争时期，李鸿、庞铁魂、陈一中、黄克林、黄进森、王世坦、刘付勇、李瑞能、黄鹄、董尚英、董少林、梁登仕、黄明、刘付锦等一大批共产党员和游击队战士到华祝美、高坡、同志堡等村开展革命活动，他们以福田寺为据点，建立地下交通联络站和医疗所，发展刘付明华、刘付琳、刘付翠云、刘付梅等十多人参加革命，组织成立农会，开展减租减息和反“三征”等斗争。1948 年 4 月 8 日，粤桂边纵地委委员、粤桂边人民解放军政治部主任欧初率领东征支队在

◆福田寺——华祝美地下交通联络站旧址

福田寺驻扎，广西陆川民团罗沛总队闻讯赶来围剿。东征支队经过激烈战斗，毙敌 9 人，伤敌副大队长以下 20 多人，支队战士一人重伤，山底武工队员刘付亚黄英勇牺牲。

淡斋公祠、黄氏大宗祠——官地地下交通联络站旧址

淡斋公祠、黄氏大宗祠——官地地下交通联络站位于化州市杨梅镇官地村。

1927 年，共产党员李本华返回家乡与李锡福等人在南安、官地、南巢一带秘密开展革命活动，他们以淡斋公祠和黄氏大宗祠（官地小学）为活动据点，宣传革命道理。1944 年起，李一鸣、李植森等共产党员到官地进行革命活动。他们以淡斋公祠和黄氏大宗为活动据点，设立地下交通联络站，召开秘密会议，宣传抗日救亡。他们发展党员，成立党小组，成立农会，开展

◆黄氏大宗祠

“二五”减租减息，反“三征”等斗争，并在农会的基础上，收集村中枪械成立游击队，打击反动武装，参与征税筹集革命经费。

石龟岭——五区暴动遗址

石龟岭——五区暴动遗址位于化州市合江镇石龟岭。

◆石龟岭

1927年“四一二”反革命政变后，化县成立了“清党委员会”，大肆屠杀共产党员、农会骨干和革命群众。为了回击敌人的血腥镇压，1928年5月，根据中共广东省委的指示，中共南路特委决定在化县五区组织武装暴动，并派省委委员卢永炽前来指导暴动工作。为了执行南路特委决定，化县县委领导吴家槐、卢中火（卢宝炫）、黄立邦等来到五区，加紧筹划暴动。黄立邦到七区江佩、平太等地筹枪筹款时，说服黄彰英（国民党军团副）参加暴动，并与黄彰英、陈显庭、凌锡基一起到广西石锅肚说服了200多名土匪参加暴动。随后，黄立邦、黄彰英回五区汇报情况，留陈显庭、凌锡基在山上，并约定接到暴动通知后，才把队伍拉下山。但留在山上的陈、凌等人在未接通知的情况下，便急忙把队伍拉下山，当他们到达合江车田石龟岭时，被国民党驻合江常备地方军发现并进行包围截击，双方展开激烈战斗。战斗不久，这支未经训练的队伍很快被打散了。由于这支队伍的提前行动，引起了国民党反动派注意，打乱了暴动计划，导致了化县五区暴动流产。

云石庵——堆金地下交通联络站旧址

云石庵——堆金地下交通联络站旧址位于化州市石湾街道莞塘村堆金村民小组。

抗日战争和解放战争时期，在化中区一带活动的陈锡河、黄凡予、徐焕文等一大批革命骨干经常在云石庵隐蔽和召开会议，并以此为活动据点，深入周边几十条村庄宣传革命。化县党组织领导人罗明、李郁和化中区领导人邹贞业等经常到此指导工作，他们发动卢光铣、黄振芳、黄寿忠等群众参加革命，成立农会，进行减租减息，征集粮食支援游击队，建立地下交通联络站，秘密接待过往的同志。1947年冬，云石庵被国民党乡兵烧毁。解放后，当地群众筹款重建了云石庵。

◆云石庵——堆金地下交通联络站旧址

陈氏宗祠——山口抗日武装起义旧址

陈氏宗祠——山口抗日武装起义旧址位于化州市同庆镇山口村。

1937年，山口进步青年陈可楷在山口村陈氏宗祠创办山口小学，宣传抗日救国，培养了李寿南、李柏年、李雅南、李卡等一批抗日积极分子。1942年起，党组织先后派董子湘、李寿南等共产党员到山口小学任教，与陈可楷、陈春英、陈珍等发动群众成立睇垌会、农会，发展地下游击小组，人数达

◆陈氏宗祠——山口抗日武装起义旧址

400多人。1945年1月16日，陈可楷、李寿南遵照中共南路特委指示，率师生群众和游击小组200多人在陈氏宗祠举行抗日武装起义，起义队伍编入李一鸣大队第四中队，陈可楷任中队长，李寿南任指导员。起义队伍攻克了庆和乡公所，缴获一批枪械弹药，开仓分粮，烧毁田亩册、壮丁册。1月24日，陈可楷、李寿南率部去茂名县双塘儿村收缴地主武装，遭该县自卫队突袭，陈可楷、李寿南不幸牺牲。

陈氏宗祠始建于清末，分上、中、下三进，面积1000多平方，现仅保留下进，面积100多平方。2009年1月被茂名市委、市人民政府公布为茂名市爱国主义教育基地。

◆山口抗日武装起义纪念亭和纪念碑

八角楼——石塘地下交通联络站旧址

八角楼——石塘地下交通联络站旧址位于化州市合江镇松架村石塘村民小组。

抗日战争和解放战争时期，李鸿、黄鹄、李锋、王世坦、庞铁魂等大批共产党员到石塘村开展革命活动，以石塘八角楼为活动据点，建立地下交通联络站，发展毛永清、毛永芳等6人加入党组织，成立石塘党小组，毛永清任组长。1944年春，石塘村在八角楼成立农会，开展抗丁、抗税、抗租运动。是年秋，石塘村建立抗日游击小组，收集民枪，进行军事训练，后队伍拉到白塘村参加抗日武装起义。1947年春，在八角楼成立农会、村级政权、妇女会、民兵队等组织，农会带领广大群众开展减租减息、反“三征”等斗争。

◆八角楼

水口地下交通联络站旧址

水口地下交通联络站旧址位于化州市官桥镇水口村。

抗日战争时期，党组织派共产党员戴天道回家乡水口等村发动群众，宣传革命。

为支持抗日武装起义，戴天道主动把家中五支枪和值一百担谷的关金券捐给党组织，并参加了白塘抗日武装起义。起义后，戴天道受命返回水口村，深入附近村庄各家各户宣传革命，发展戴天壮、戴超风等30多人参加农会、同心会，反对地主剥削和压迫，并在广庆堂、大人堂和戴天道家设立了地下交通联络站。在革命斗争时期，水口地下交通联络站是化中重要的交通联络站，是联络化南化北的中转站，掩护了经常到化北地区活动的陈醒亚、李郁、李鸿、董尚英、梁登仕、陈锡河、戴国强、唐云等大批地下党领导及游击队员。

◆水口联络站旧址（戴天道旧居），门前为水口联络站遗址纪念碑

中垌仙娘庙——抗日游击区办事处旧址

中垌仙娘庙——抗日游击区办事处旧址位于化州市中垌镇圩。

1939年2月，广东省第七区化县中垌抗日游击区办事处、合江抗日游击区办事处成立，中垌抗日游击区办事处设在中垌仙娘庙。1940年3月，中共南路特委派共产党员陈林海（陈兆荣）到化县，任中垌游击区办事处政工队副队长。当时，共产党员梁红、伍立明、梁涛明等以中垌仙娘庙为活动据点，秘密开展抗日宣传。并在白水坡祠堂举办抗日游击干部训练班，为化县培养了一批革命骨干。1940年4月，国民党顽固派发动的反共高潮波及南路，七区抗日形势急转直下，张炎将军愤然辞职，反共逆流泛滥，一批公开的抗日团体被纷纷解散，抗日进步人士被解职。化县国民党顽固派强行解散了中垌、合江抗日游击区办事处，撤换了进步的区、乡长，化县的抗日救亡运动被迫转入隐蔽。

◆中垌仙娘庙——抗日游击区办事处旧址

大垭小学——大垭村党支部遗址

◆大垭小学校园内景

大垭小学——大垭村党支部遗址位于化州市合江镇大垭村。

1939年起，共产党员李克平、彭昌华、庞郁志等先后到玉笛垭小学（现大垭小学）任教，他们以教师身份为掩护，以玉笛垭小学和大垭庙为活动据点宣传抗日，在大垭村董丽珍家建立地下交通联络站，先后吸收了进步青年吴天玉、李茂等入党，成立大垭村党支部。随后，中共化县特派员陈醒亚指示大垭村党支部在合江圩开设文牍书店，把《新华日报》等进步刊物分发到高州、吴川、梅录、廉江等地。1943年冬，玉笛垭、大垭村成立农会，发动群众募捐抗日，开展抗租减租和抗税斗争。1944年春，收缴村中枪械，成立了地下游击小组。1945年1月，大垭、玉笛垭村游击小组赶赴白塘小学集中，然后到中垌加入南路人民抗日解放军，一起参加风流水、灯草等战斗和进行西征。

凌氏宗祠——塘北地下交通联络站旧址

◆塘北凌氏宗祠

凌氏宗祠——塘北地下交通联络站旧址位于化州市长岐镇塘北村。

1939年起，凌霄、李雨生、李一鸣、李寿南、叶宗屿、陈炯东、李植森、李雅南等共产党员和革命同志到塘北村秘密开展革命活动。他们以凌氏宗祠和广福堂为活动据点，举办民众夜校，宣传革命道理，发展了凌国栋、凌振明等进步青年参加革命，成立地下交通联络站，培养凌秀华、凌浩清等入党；成立农会，组建地下游击小组。1945 年 1 月，塘北地下游击小组参加了良村抗日武装起义，参加攻打良村乡公所、南安乡公所等战斗。起义受挫后，塘北村游击小组在党组织领导下，继续在村中进行革命活动。

凌氏宗祠始建于明成永乐二年，分上、中、下三进，为凌氏族人议事之所。

白水坡祠堂——抗日游击干部训练班和重要会议旧址

白水坡祠堂——抗日游击干部训练班和重要会议旧址位于化州市中垌镇圩。

◆白水坡祠堂门楼

1940 年 2 月，中共南路特委派共产党员陈林海（陈兆荣）到化县中垌白水坡祠堂举办抗日游击干部训练班，为化县培养了一批革命骨干。1945 年 1 月，南路人民抗日解放军与张炎领导的高雷人民抗日军在化吴廉边起义后协商决定：两军在中垌会师联合攻打高州城，直取罗定，与粤中的蔡廷锴、谭启秀部会合，组建华南抗日联军，建立云开山脉抗日游击根据地。1 月 26 日，两军会师中垌，次日在白水坡祠堂召开两军司令部联席会议。会议决定，由于国民党主力移防高州，敌强我弱，决定放弃攻打高州，改打廉江县府所在地塘蓬，待消灭廉江反动武装后再进军粤桂边，开辟粤桂边抗日根据地。

白水坡祠堂（玉梅公祠）始建于清康熙五年（1740 年），重建于 1997 年，为刘付族人议事场所。

黄槐小学——黄槐村党支部遗址

黄槐小学——黄槐村党支部遗址位于化州市下郭街道黄槐村。

1940 年 5 月，中共化县特别支部派共产党员李郁、李鸿、李应江回家乡黄槐村开展革命活动。他们在黄槐小学（色焕祖祠）开办民众夜校班，成立读书会，排演宣传抗日话剧和张贴抗日墙报，开展各类球赛活动，团结了一大批进步青年。8 月初，在色焕祖祠成立黄槐村党支部，李郁任书记。这是大革命失败化县党组织遭严重破坏后，

◆黄槐小学校园内景

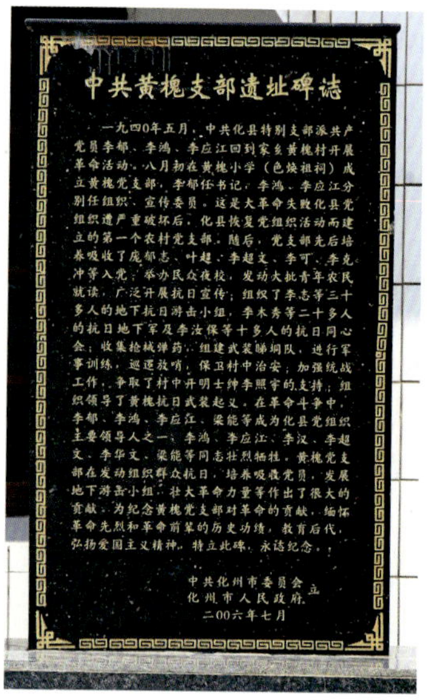

◆中共黄槐支部遗址纪念碑

化县恢复党组织活动而建立的第一个农村党支部。随后，黄槐党支部团结村中开明士绅，打击反共顽固派，教育鼓舞了村中群众；先后培养吸收庞郁志、叶超、李超文、李可、李克冲等入党；组织地下抗日游击小组、地下抗日军、抗日同心会；收集枪械弹药，组建武装“睇垌队”。1945 年 1 月，黄槐村党支部率黄槐村抗日游击小组、地下军、同心会、睇垌会等 100 多人，在黄槐村附近的旧大岭举行抗日武装起义，成立李鸿大队和李应江中队，随军征战南路。

塘乐小学——塘乐地下党活动遗址

塘乐小学——塘乐地下党活动遗址位于化州市合江镇塘乐村。

1939 年 12 月，塘乐村青年黎能义参加张炎将军领导的学生队，在高州红花庙加入中国共产党。1940 年 6 月黎能义返回塘乐小学任教，在塘乐、平坡、玉田等村开展抗日宣传。1942 年起，中共化县特派员陈醒亚，化北地下党领导人李鸿、李锋等到塘乐等村活动。他们以塘乐小学为活动

◆塘乐小学正门

据点，办起了儿童团、读书班、白话剧宣传队、夜校班等，宣传抗日；先后发展周陆庆、邹永龙、周陆勤、周英等入党，成立塘乐党小组，组长周陆庆。1945 年春，发展了周胜、周仁权等参加地下游击小组。1946 年冬，塘乐农会成立。1947 年春，塘乐成立了村级政权。农会和村级政权成立后，带领群众广泛宣传共产党的方针政策，开展反“三征”和“二五”减租减息。

高岭地下交通联络站旧址

高岭地下交通联络站旧址位于化州市合江镇高岭村。

◆高岭地下交通联络站旧址（黄德辉、黄中汉旧居）

第一次国内革命战争和第二次国内革命战争时期，高岭村青年黄德辉参加广州农民运动讲习所，后返回家乡开展农民运动。化县党组织在黄德辉家建立地下交通联络站，中共广东省委派来指导化县暴动的杨石魂、周颂年、卢永炽，中共南路特委书记彭中英和化县党组织领导人卢宝炫、吴家槐等经常到黄德辉家活动，领导和组织化县五区暴动。1940 年 8 月，在黄德辉的帮助下，中共化县特支书记叶信芳（住在黄德辉家里）在健朴小学成立中共化县特别支部和健朴小学党支部，成立农会，组织群众参加合江圩赶缉私抗税斗争并获得胜利；1944 年冬，高岭村成立了地下抗日游击小组，并于 1945 年 1 月到白塘参加抗日武装起义。起义受挫后，陈炯东、黄飞、李鸿、李锋、梁登仕、王世坦、黄崧森、董尚英、黄明、庞铁魂等革命同志经常到高岭村活动，在黄德辉家建立地下交通联络站，发展黄国凯、黄晖仪、黄秀琼、黄中光、黄国栋等参加革命，吸收黄进森、黄中汉等入党。

经正中学革命活动遗址

经正中学革命活动遗址位于化州市中垌镇圩。

经正中学（现中垌中学）创建于 1915 年，前身是经正高等小学堂。1940 年夏，中共化县特支派共产党员李郁到化北经正中学就读，以读书为名秘密发展党员，组建党组织。李郁到校后，吸收了从学生队回来的进步青年李锋入党，与教师共产党员罗素远成立了经正中学党支部。党支部成立后，组织学生办壁报，成立救国读书会等宣传抗日；团结教育全校师生，抵制国民党三青团的毒害，并通过撰写“白头贴”，驱逐了国民党区分部书记、校训育主任翁天祥。党支部先后培养吸收彭培亨、彭永胜、董尚英、戴天道、李龙恩等学生和校外青年刘付铁汉、李子衡、唐武备、刘付源、黄盍等入党。1942 年，中共化县特派员陈醒亚派李郁到化一中，负责化一中党务，经正中学党组织工作由李锋负责。李锋在经正中学继续开展抗日宣传，发展了一大批进步青年参加地下游击小组。1945 年 1 月 26 日，南路抗日游击队和张炎起义军开进中垌时，该校很多学生参加游击队，成为革命的骨干力量。

◆化州市中垌中学

白塘小学——白塘抗日武装起义遗址

白塘小学——抗日武装起义遗址位于化州市林尘镇白塘村。

1940 年起，党组织派共产党员董子相、李鸿、黄鹄等到白塘小学任教，并指示李鸿负责化北党务工作。李鸿等以白塘小学为活动据点，召开会议，办升学补习班、农民识字班、歌咏队，吸收党员入党，在化北开展抗日宣传活动，建立两面政权。1945

◆白塘小学正门

◆白塘小学革命据点遗址纪念碑

年 1 月 26 日，董子相、董尚英、戴天道、李龙恩等率百余人在白塘小学举行抗日武装起义。起义后，董尚英、董少林、董彪、董伯才等继续在白塘等村活动，成立董尚英武工队；在董尚英等人家中建立地下交通联络站。粤桂边人民解放军司令员吴有恒，化县党组织领导人叶信芳、陈醒亚、李郁、罗明等常到该地区活动。

山尾小学——山尾地下交通联络站旧址

山尾小学——山尾地下交通联络站旧址位于化州市南盛街道山尾村。

1940 年起，共产党员李郁、李鸿、陈任华、邹贞业等先后到山尾、深田、新屋、军令坡、凤尾等村开展革命活动。他们以山尾小学、山尾村徐焕文、徐亦文和徐亚卜家为据点，成立地下交通联络站和油印室，组建新四团出版处，印刷革命宣传资料；吸收徐师达、徐邦兴、徐亚卜等入党，成立山尾党小组，建立山尾革命根据地；发动群众成立巡夜队、保耕队、同心会等组织，开展对敌斗争；加强统战工作，争取了邱庆隆、颜德昌和曾灼南等。叶信芳、陈醒亚、黄飞、罗明、李一鸣等化县党组织领导人及党员骨干先后到山尾等村庄指导工作及活动。

◆山尾小学革命遗址（建筑物右侧为山尾革命烈士纪念碑）

崇善寺——乌灌塘地下交通联络站旧址

崇善寺——乌灌塘地下交通联络站旧址位于化州市官桥镇旺竹山村乌灌塘村民小组。

1942 年起，党组织派共产党员彭昌华到乌灌塘等一带村庄开展革命活动。彭昌华以乌灌塘小学（校址崇善寺）为活动据点，团结进步校长刘沛河，安排进步教师郭碧霞到

◆崇善寺

该校任教，对学生灌输革命思想。1944 年夏，根据中共南路特委的指示，彭昌华在同心会的基础上，成立彭昌华游击队，在崇善寺建立化中地下交通联络中转站，传送秘密信件，掩护了陈醒亚、李郁、李鸿、李锋、王世坦等大批地下党领导和游击队员。

崇善寺始建于明朝，面积 680 多平方米，分上、中、下三进。

下山小学——下山地下党活动遗址

下山小学——茂化吴梅边地下党活动遗址位于化州市长岐镇下山村。

◆下山小学校园内景

1940 年起，党组织先后派李钧海（李卡）、李钧凤等到下山小学（村中祠堂）任教，秘密开展抗日宣传活动。茂化吴梅边党组织领导人黄明德、李一鸣、李雨山等经常到此活动。他们以下山小学为活动据点，召开会议；举办升中补习班、农民夜校班，宣传抗日；培养吸收李志荣、吴振同、吴振英、李德升等加入党组织。1944 年 6 月，成立地下抗日游击小组，为抗日武装起义作准备。1945 年 1 月 13 日，下山村抗日游击小组参加了化东南抗日武装起义。起义队伍攻克三民、南岐、南安、庆和、罗安等乡公所，缴获大批枪支弹药，开仓分粮，随即往良村小学集合，加入南路人民抗日游击队李一鸣大队，转战茂化吴梅边区。

那务中学——那务抗日救亡活动遗址

那务中学——那务抗日救亡活动遗址位于化州市那务镇圩。

◆化州市那务中学

那务中学创建于 1941 年秋，当时校名为陵秀中学，进步民主人士郭藩任校长。他政治开明，思想进步，经常向学生介绍全国抗日形势，宣传抗日救国，还聘请了共产党员李惠霞、刘炳燊到校任教，开展抗日宣传活动。李惠霞、刘炳燊除在课堂上积极开展抗日宣传外，还在校内组织读书会，把一些进步书刊送给同学们阅读，提高学生的抗日意识。同时，团结进步同学，发动刘善信、黎耀平等参加革命。1944 年秋，郭藩邀请抗日爱国将领张炎将军到学校指导抗日工作。张炎到校后，受到全校师生的热烈欢迎，他在校内作了重要讲话，使全校师生受到了一次深刻的抗日教育，对坚定师生抗战必胜信心起到了很大作用。

白楠埇小学——白楠埇地下党活动遗址

白楠埇小学——白楠埇地下党活动遗址位于化州市良光镇白楠埇村。

◆白楠埇小学

1941 年上半年，中共南路特委派共产党员罗明、李嘉到白楠埇小学任教，以教师为掩护，秘密开展抗日宣传活动，并指示罗明负责化南地区党务。罗明、李嘉以白楠埇小学为活动据点，加强统战，取得了乡长和校长的支持，控制了学校老师的聘用权，排挤顽固、反动老师，补充党员老师。同时，利用空余时间深入各村庄办夜校班，传播革命主张。1943 年上半年，罗明调到柑村橘山小学。党组织派王贵材、梁雪云等党员到该校任教，他们在白楠埇村发动群众成立农会，开展减租减息，成立地下游击小组。1945 年 1 月 9 日，白楠埇村地下游击小组 10 多人参加了在良光红埇农场举行的化廉边抗日武装起义。

李氏宗祠——分界地下交通联络站旧址

李氏宗祠——分界地下交通联络站旧址位于化州市笪桥镇柑村分界村民小组。

1941 年春，共产党员赵世尧到分界村进行革命活动，他以分界村小学（李氏宗祠）为活动据点，联系进步教师李国光、学生李华沃（李石）等办民众夜校，组织青壮年学文化，发动农民就读，宣传革命道理。1944 年夏秋间李石受党组织派遣回村组织地下游击队，其他村的游击队员也到此集中进行军事训练。1945 年，游击队建立地下交通联络站。1946 年，建立了村中第一个党小组。

良光小学——良光地下党活动遗址

良光小学——良光地下党活动遗址位于化州市良光镇圩。

◆良光小学

1941年起，李仕洋、曾锡柩、黄东明、吕剑屏等共产党员和进步青年先后到良光小学任教，秘密开展抗日救国活动。中共化县特派员陈醒亚、负责化南党务的罗明经常到该校指导工作。他们以良光小学为活动据点，在学生中秘密宣传抗日，发展了陈球、陈一中等进步学生加入游击小组；深入农村，宣传抗日救国道理；成立良光中队，秘密进行军事训练；出资派党员学生陈生夫妇在良光红埇开办农场，作为抗日武装起义联络点和武器收藏点。1945年1月，良光小学革命师生和群众数十人到达红埇农场，参加化廉人民抗日武装起义，攻打良光、出拔等伪乡公所，开仓分粮，收缴地主武装，动员青年参军参战等。后来，随军起义的良光小学师生奔赴各地坚持斗争，很多成长为革命骨干。

良埇小学——良埇村党支部旧址

良埇小学——良埇村党支部旧址位于化州市笪桥镇良埇村。

◆良埇小学教学楼

1941年起，共产党员叶卓琼、叶车养、庞铁魂、叶启发等先后到良埇、珍珠塘、田头屋、良坡等村庄秘密开展抗日救亡活动。化县党组织领导人陈醒亚、李郁、罗明、唐彪、叶超等常到此指导工作。他们以良埇小学为活动据点深入各村各户，发动群众，宣传革命思想；培养吸收宁雄、宁超成、宁中坚等进步青年入党，成立党支部；建立联络站；加强统战，建立两面政权；发展宁炳元、宁雄、潘亚任等50多人参加地下游击小组，收集枪械，加强军事训练。1945年1月9日，良埇村游击小组成员30多人集中在良埇小学，在党支部的带领下赶赴红埇农场参加化廉人民抗日武装起义，攻打石东、梅北等伪乡公所，收缴枪支，开仓济贫，废除苛捐杂税，烧毁田契等。起义受挫后，宁雄、宁英源、宁中坚等返回良埇一带村庄坚持斗争。

山华小学——山华地下党活动遗址

山华小学——山华地下党活动遗址位于化州市笪桥镇山华村。

1941年起，共产党员叶卓琼、陈明、李华鋈等先后到山华小学任教，秘密开展抗日活动。他们以山华小学为活动据点，召开会议；办民众夜校，宣传抗日；建立联络站；加强统战，争取了进步人士陈南韶等的积极支持，建立两面政权；发动陈伟南、陈清等20多人参加地下游击小组，收集枪械，加强军事训练，为武装起义作准备。1945年1月9日，李华鋈等率游击小组成员及革命群众80多人到附近的红埇农场参加化廉人民抗日武装起义，攻打石东、梅北等伪乡公所，收缴枪支，开仓济贫，废除苛捐杂税。起义失败后，陈孙佑等返回山华村坚持斗争。

◆山华小学

九包学舍——雅度地下党活动旧址

九包学舍——雅度地下党活动旧址位于化州市良光镇雅度村。

1941年起，化县党组织派共产党员叶卓琼、陈海到雅度小学（九包学舍）任教，以教学为名，秘密开展抗日宣传。随后，化南党组织领导人罗明和共产党员李仕洋（维初）、吕剑屏、黄东明、陈一中等到雅度、旺科山、禾地屋、西埇、马岭等村庄秘密开展抗日宣传活动。他们以雅度小学为活

◆九包学舍

动据点，开办青壮年农民识字班，教唱抗日歌曲，宣传抗日道理；发展蒋振志、蒋德胜、蒋亚因等 50 多人参加地下游击小组，收集枪械，土制手榴弹，加强军事训练。1945 年 1 月 9 日，雅度村游击小组成员 30 多人赶赴红埇农场参加化廉人民抗日武装起义，攻打石东、梅北等伪乡公所，收缴枪支，开仓济贫。起义受挫后，蒋振志等返回雅度等一带村庄坚持斗争。

橘山小学——柑村抗日武装起义旧址

橘山小学——柑村抗日武装起义旧址，位于化州市笪桥镇柑村。

◆橘山小学（现柑村小学）正门

1941 年起，中共南路特委先后派共产党员赵世尧、邓小筠、朱兰清、罗明、叶超、张平、吴瑶玉、罗英等到柑村橘山小学（现为柑村小学），以教师身份秘密开展革命活动。他们依靠叶秀森、叶翘森等柑村籍党员、进步校长叶宜楷及进步青年，开办夜校、发展党员。日军侵占广州湾（今湛江市）后，在周边奸淫掳掠、杀人放火。党组织发动民众，收集枪械，成立抗日联防队，随后又在柑村及附近村庄秘密组织了 100 多人的抗日游击小组。1945 年 1 月 8 日晚，罗明、叶超、陈炯东等集中抗日武装，在橘山小学宣布起义。起义队伍开赴良光红埇农场，加入南路人民抗日解放军，征战南路。

那浪村党支部及地下交通联络站旧址

那浪村党支部及地下交通联络站旧址位于化州市文楼镇甲隆村那浪村民小组。

1942 年 1 月，那浪村青年黎允武在广西陆川中学参加中国共产党，并受党组织的派遣返回甲隆秘密从事革命活动。广西陆川中学党支部书记陈镜光及党员周曼球、李志瑞等随后来到甲隆活动，在黎允武家成立临时党支部。1945 年 3 月，陈镜光、黎允武等组织黎济武、黎梅芳等十多人参加广西陆川县委领导的桂东南抗日武装起义。起义受挫后，队伍转移到那浪村，在黎允武家成立党支部。1946 年起，共产党员李郁、李鸿、李锋、王世坦等及广西陆川县委领导人林克武、徐为楷等先后到甲隆、白梅、文山等一带发展革命力量。他们以黎允武家为活动据点，建立地下交通联络总站；建立了村级政权、民兵组织和农会，开展了减租减息、解放婢女和反“三征”等斗争；发展了数十人参加游击队。

解放后，由于缺乏维护，旧址损毁严重，黎允武等筹款数十万元对旧址进行修缮，并建立了革命历史纪念馆。

◆那浪村党支部旧址、那浪地下交通联络站旧址（原为黎济武、黎允武旧居，现已建为革命历史纪念馆）

世明公祠——大垭地下交通联络站遗址

世明公祠——大垭地下交通联络站遗址位于化州市中垌镇兰山办事处大垭村。

1942年6月起，中共太平中学党支部书记刘子章、支部委员邓兆喜、邓宏文、赖华存等受廉江党组织的委派，到大垭小学（世明公祠）任教，与进步教师李汉权一起组织进步青年成立读书会，学习《新华日报》、《群众》等杂志，向群众宣传抗日主张。他们在世明公祠成立地下交通联络站，传递信件、探听敌情、联络引路。1943年11月，在世明公祠成立了同心会和村民联防队，组织群众开展减租、扶贫、救灾、抗税、抗征兵，支援游击队等活动。抗日战争胜利后，由于同心会长赖乃祥被敌杀害，大垭村革命活动陷入低潮。1947年，王世坦、王乃珠、梁茂达、黄明、冯彩权等到大垭村活动，以世明公祠为活动据点，发动群众组织农会，成立村级政权，一直坚持斗争至解放。

◆大垭小学

上能地下交通联络站旧址

◆上能村革命旧址

上能地下交通联络站旧址位于化州市鉴江开发区白鸠奉村上能村民小组。

1942年冬起，徐焕文、黄兆年、李鸿等共产党员和革命同志到上能村开展抗日活动，与第一次国内革命战争时期农会会员曾赵汉、曾赵杰联系，散发革命传单，宣传共产党抗日主张，发动群众积极投身抗日救亡工作。他们在村中成立地下交通联络站，作为化中地区联络中心站，与其他联络站互通情报。1942年12月，在村中成立冬防队，安排人员值班放哨，发现敌情即通知革命同志及时隐蔽。1943年春，成立同心会、姐妹会开展投身抗日救亡工作。1944年6月，黄兆年在村中组成抗日游击小组，支持抗日。1945年2月，上能村与新塘、黄竹城、下能、白鸠奉等很多村庄联片成立“吊耕会”，统一罢耕地主土豪的租田，实行“二五”减租减息，还发动群众开展抗“三征”斗争活动。1945年6月，徐焕文吸收曾赵汉、曾赵杰和黄家权入党，成立党小组，开展革命活动。

洪氏大宗祠——长岐地下交通联络站旧址

◆长岐洪氏大宗祠

洪氏大宗祠——长岐地下交通联络站旧址位于化州市长岐镇长岐村。

1942年起，李郁、陈炯东、叶宗屿、王树槐、李雨生、李寿南、李一鸣、李钧凤、李植森、李益泰、李雅南、陈春英、李雄等共产党员到长岐村开展革命活动。他们以长岐小学（洪氏大宗祠）

为活动据点，建立地下交通联络站，举办民众夜校班，宣传革命，发动群众成立农会，开展减租减息、反三征等斗争；吸收洪信普入党，成立党小组和共青团；组织了抗日地下军，参加抗日武装起义；加强统战工作，建立白皮红心两面政权等。

洪恩堂——新塘抗日武装起义旧址

洪恩堂——新塘抗日武装起义旧址位于化州市长岐镇新丰村新塘村民小组。

1943 年 2 月，日军侵占广州湾（今湛江市）和雷州半岛。茂名、化县、吴川、梅录处于抗日前线。吴（川）梅（录）地区党组织派共产党员李均凤、李益泰到新塘村组织抗日武装活动。随后，李一鸣、李雅南、李雨生、李植森、陈春英、李益林等游击骨干也先后到新塘村以及沙陇、黄沙等化东南一带村庄开展抗日武装活动。他们以新塘洪恩堂和毗邻的李氏祠堂为活动据点，召开秘密会议，举办农民夜校，宣传抗日救亡，发展共产党员，组织游击小组，收集枪械弹药，成立农民协会，建立两面政权，实行减租减息，设立地下交通联络站等。1945 年 1 月 13 日晚，李均凤率领新塘村游击小组李广亨、李振西等 30 余人在洪恩堂集中出发，到南岭村参加抗日武装起义，组成南路人民抗日游击大队李益泰中队，英勇抗击日伪反动势力。

◆新塘洪恩堂

塘良地下交通联络站遗址

塘良地下交通联络站遗址位于化州市河西街道山车村塘良村民小组。

◆塘良游击队活动室遗址

1943年春起，在中共化县特派员陈醒亚领导下，黄兆年、梁登仕、徐焕文、李鸿等共产党员和革命同志到塘良村开展革命工作。他们以塘良小学为阵地，举办民众识字班，向群众宣传共产党抗日主张；在村中设立地下交通联络站，为游击队通风报信。1943年夏，塘良村成立同心会、姐妹会、冬防队，晚上以学武为名，积极进行军事训练，监视敌人活动，保护革命同志的安全。1944年5月，塘良村成立抗日游击小组，利用冬防队的武器继续进行军事训练。1945年秋，塘良成立党支部，带领群众坚持革命，积极为游击队站岗放哨，送信带路，送衣送食，筹款筹粮等，一直坚持至解放。

塘灶小学——塘灶地下交通联络站遗址

塘灶小学——塘灶村地下交通联络站遗址位于化州市中垌镇兰山办事处塘灶村。

◆塘灶小学正门

1943年5月起，共产党员邓兆喜、邓宏文到塘灶、朱曹村开展抗日宣传活动。他们以塘灶小学为活动据点，举办民众夜校班，发动进步青年就读，进行抗日宣传；成立地下交通联络站，传递信件、探听敌情、联络引路等；加强统战，转化了保长冯方，成立了两面政权；在塘灶小学成立劳农会，组织发动群众开展减租减息、扶贫、救灾、抗税、抗征兵，支援游击队等活动。1945 年 2 月，广西陆川抗日自卫军桂东南起义失败后，万学知、巫德春等领导人及起义战士来到朱曹、塘灶活动，成立了清山游击队。1945 年 3 月，清山游击队伏击了从湛江进入广西的日军。5 月，清山游击队编入盘龙支队，攻打了盘龙、清湖乡公所，参加了“蚊丁战斗”。

同庆堂——大垌地下党活动旧址

同庆堂——大垌村地下党活动旧址位于化州市笪桥镇大垌村铜鼓岭。

◆大垌同庆堂

1943 年起，化县党组织先后派叶超、叶启发等共产党员到大垌铜鼓岭一带秘密开展革命活动，中共化吴中心县委书记唐彪、罗明常到此指导工作。他们以同庆堂为活动据点，发动大垌等十多条村庄群众读夜校，宣传革命道理，发动陈兆德、陈兆福、江亚茂等数十人参加革命；成立吊耕会，开展减租减息，解放婢女，反“三征”等；收集枪械弹药，组织游击队，打击反动地方武装；吸收江周桂、陈八嫂、江柏林入党，成立党小组；在陈八嫂家设立地下交通联络站，积极为游击队送信带路，站岗放哨，保护游击队员等。

洞督地下交通联络站旧址

洞督地下交通联络站旧址位于化州市笪桥镇洞督村。

◆洞督地下交通联络站旧址（陈立达旧居）

1943 年起，共产党员陈立达、赖培坚等在家乡洞督等村开展抗日宣传活动。他们深入各村宣传抗日救国，动员广大群众参加抗日自卫队，收集枪械进行军事训练。抗战胜利后，陈立达组织的抗日自卫队编入李应东中队，活动于新安、榕树乡一带。随后，在陈立达家建立了地下交通联络站，该站为沟通化西、化南与化廉边的中转站，一直坚持送情报至解放。1947 年春，化县人民解放政府县长叶超经常到该村活动，在陈立达家住宿，指导建立了化西区、乡政权。1948 年 4 月，化县人民解放政府县长叶卓琼和化西区游击中队长赖培坚到陈立达家隐蔽，被国民党水塘乡保兵发现并围村，陈道志叫其儿子陈立芬带叶卓琼撤离，陈道志和赖培坚当场被敌杀害。次日，敌人把陈道盈、陈立钦捉去杀害，把村民黎珍、陈道凤捉去坐牢，并放火烧毁陈立达房屋。

高华小学——高华地下党活动遗址

◆高华小学

高华小学——高华村地下党活动遗址位于化州市那务镇高华村。

1943 年起，党组织派陈实胡、董国珍、莫翰明、杨儒炯等到高华小学（陈氏宗祠）任教，传播革命思想。他们组织学生在圩日张贴抗日标语，演唱抗日歌曲，号召广大民众齐心抗日。1945 年 1 月，化廉人民抗日武装起义后，张炎率部北上，曾到高华小学驻扎，村中群众为部队捐粮做饭，寻药医护伤病员，并为部队带路。1946 年 9 月，叶繁菁、毛永清、梁登仕率武工队创建了六王岭游击根据地。期间，高华村陈章佳、陈广志等一批青年，以“伙同酒坊”为掩护，轮流上村卖酒，带文件、口信、子弹、衣食等支持游击队。1946 年冬，高华陈玉森、陈玉贞等 7 人参加六王岭战斗，由于寡不敌众，游击队撤到六王岭，陈玉森、陈玉贞、陈善儒等返回高华继续坚持革命。

十灵堂——江口税站及地下交通联络站旧址

十灵堂——江口税站及地下交通联络站旧址位于化州市杨梅镇竹根园村江口村民小组。

1943 年起，共产党员李一鸣、李植森等到江口小学（校址十灵堂），以教师身份为掩护开展抗日宣传活动。他们以该校为据点，办夜校、建立地下交通联络站，发展

20多人参加地下游击小组，攻打南安乡公所；培养吸收曾壮厚、李秀金入党；建立化吴边区政府。李一鸣、李雨生、李植森、陈炯东、叶宗玙、李雅南等经常在此开会研究工作，李富、李冠华、姚德、陈泉、李周、叶车养、叶致英、李植槐、欧琼莲等游击队员经常到此活动。1946年2月，成立江口税站，对过往船只进行征税，征得大量财物。

◆江口十灵堂

湛庵公祠、洞襟公祠——南岭抗日武装起义旧址

湛庵公祠、洞襟公祠——南岭抗日武装起义旧址位于化州市长岐镇南岭村。

1943年起，党组织先后派共产党员李一鸣、李雨山、李雅南等到南岭村秘密开展抗日活动，中共吴化梅茂边区特派员黄明德亦常到此指导抗日。他们以南岭小学（校址湛庵公祠、洞襟公祠）和镇南堂为活动据点，秘密召开会议；举办民众夜校，广泛开展抗日宣传；发动李益林、李英明等十多人参加地下游击小组；筹集和收缴民间枪支，成立睇垌会、功夫馆，开展军事训练，在镇南堂设立地下交通联络站。1945年1月，李一鸣、李益泰等率领南岭村及附近村庄革命群众数百人在湛庵公祠、洞襟公祠举行抗日武装起义，指挥部设在两公祠。起义队伍攻打南安、南岐等乡公所，收缴大批枪支弹药，开仓分粮。起义受挫后，李一鸣、李益泰等15人继续在南岭等村开展革命活动。

湛庵公祠、洞襟公祠始建于明代，分上、中、下三进，现洞襟公祠已损毁。

◆湛庵公祠（门前右侧为抗日武装起义纪念碑）

日胜堂仙娘庙——榕木水地下交通联络站旧址

日胜堂仙娘庙——榕木水地下交通联络站旧址位于化州市石湾街道榕木水村。

1943年起，化县党组织先后派彭昌华、叶启发等到榕木水、山茶根等村庄开展革命活动，他们以日胜堂仙娘庙为活动据点，宣传革命道理，召开会议，布置任务；发动陈昔有、陈经容等30多人参加地下游击队。化北、化南、化中、化西区的游击队常集中在日胜堂仙娘庙活动。化县党组织领导人陈醒亚、罗明、唐彪、李郁等常到此指导工作。日胜堂仙娘庙成为了化北、化南、化西区的重要地下交通联络中转站。

◆榕木水日胜堂仙娘庙（门口右侧为革命遗址纪念碑）

◆右侧为日胜堂仙娘庙旧址，左侧为新建

沙坡垌小学——沙坡垌抗日武装起义遗址

沙坡垌小学——沙坡垌抗日武装起义遗址位于化州市林尘镇沙坡垌村。

1943年起，党组织先后派共产党员李鸿、李传中、伍瑶玉等到沙坡垌小学任教，以教师身份为掩护秘密开展抗日救亡活动。他们以沙坡垌小学为活动据点，秘密召开会议；举办民众夜校，广泛开展抗日宣传；发展李耿中、李崇典、李崇谦等参加地下游击小组；筹集民间枪支，成立冬防队，组织地下军，进行军事训练和政治教育等；设立地下交通联络站；加强统战，取得了地方保长李作中的支持。

◆沙坡垌抗日武装起义旧址

1945 年 1 月，李传中率领沙坡垌村及附近村庄革命群众 100 多人举行抗日武装起义。起义受挫后，李传中率队伍返回沙坡垌村，继续坚持革命活动。

滑石堂——石板地下交通联络站旧址

滑石堂——石板地下交通联络站旧址位于化州市笪桥镇石板村。

1943 年起，共产党员陈柱从化一中返回家乡石板村小学任教，他以滑石堂为活动据点，宣传抗日思想，发动陈辉、陈亦兴等一大批农民群众参加革命，成立石板壮丁队，后改为石板抗日自卫队，在滑石堂设抗日指挥部。1945 年 1 月 8 日，石板抗日自卫队奔赴山华，加入山华抗日自卫队，赶赴良光红埇农场参加化廉边人民抗日武装起义。化县人民解放政府县长叶卓琼经常到石板村指导工作，他在滑石堂召开多次会议，在滑石堂建立了地下交通联络站；发动骨干青年群众，组织建立乡武工队；在滑石堂建立修械所，制造枪支、子弹、手榴弹、地雷等武器。1948 年，叶卓琼、叶启发等经常到滑石堂秘密开展革命活动。

◆滑石堂

李氏大宗祠——旺岭抗日武装起义旧址

李氏大宗祠——旺岭抗日武装起义旧址位于化州市长岐镇旺岭村。

1943 年起，党组织派共产党员王树槐和进步青年陈可楷、李鹤年等到旺岭小学(校址李氏大宗祠)任教，秘密开展革命活动。茂化吴梅边党组织领导人黄明德、李一鸣、李雨生等经常到此指导工作。他们以李氏大宗祠为活动据点，举办升中补习班、农民夜校班，宣传抗日；发展李鹤年、吴振声等 30 多人参加地下游击小组，成立睇垌会，进行军事训练。1945 年 1 月，旺岭游击小组参加了化廉边人民抗日武装起义，攻克三民、南岐、南安、庆和、罗安等乡公所，缴获大批枪支弹药，开仓分粮。起义后，旺岭游击小组即往良村小学集合，加入

◆旺岭李氏大宗祠纪念亭及纪念碑

◆旺岭李氏大宗祠

南路人民抗日游击队李一鸣大队，转战茂化吴梅边区。

李氏大宗祠于2000年11月被茂名市人民政府公布为茂名市文物保护单位。

瑶埇小学——瑶埇抗日武装起义遗址

瑶埇小学——瑶埇抗日武装起义遗址位于化州市笪桥镇瑶埇村。

1943年起，党组织派共产党员李维初、陈亦行到瑶埇小学任教，他们以教师身份为掩护秘密开展抗日救亡活动。化县党组织领导人陈醒亚、李郁、罗明、叶超、叶启发等以瑶埇小学为活动据点，发展进步青年入党，成立瑶埇党小组、建立地下交通联络站；发动李木保、陈水六等50多人参加地下游击小组；成立农会，组织会员和进步青年开展抗日宣传，进行减租减息，解放婢女，积极为游击队站岗放哨；开展统战工作，转化了保长李鸿昌，建立“白皮红心”两面政权。1945年1月9日，瑶埇村游击小组成员30多人集中在瑶埇小学，赶赴红埇农场参加化廉边人民抗日武装起义，攻打石东、梅北、良光等伪乡公所，收缴枪支，开仓济贫，废除苛捐杂税，烧毁田契等。起义受挫后，在化南一带活动的共产党员叶卓琼、叶启发、叶车养、宁英源、

◆瑶埇小学校园

宁中坚等到瑶埇等一带村庄坚持革命。

庞氏宗祠——木威堂抗日武装起义旧址

庞氏宗祠——木威堂抗日武装起义旧址位于化州市笪桥镇木威堂村。

◆庞氏宗祠

1944年秋，共产党员李鸿、庞郁志受组织派遣到木威堂小学（庞氏宗祠）任教，开展抗日武装起义准备工作。化县党组织领导人陈醒亚、李郁、罗明等常到此指导工作。叶车养、叶卓琼、宁雄等常到此活动。他们以庞氏宗祠为据点，办民众夜校，深入木威堂、山窝、郭塘、大岭等村宣传抗日；发展庞铁魂、庞崇兴等十多人参加抗日游击小组；收集枪械，组成抗日自卫队，庞郁志任队长。1945年1月9日，庞郁志率自卫队参加良光红埇农场抗日武装起义，攻下出拔、石东、梅北等乡公所，开仓济贫，废除捐税，减租减息，烧毁田契等。起义受挫后，庞郁志、庞郁仁、庞铁魂等返回木威堂等村坚持革命。

真庆堂——长安地下党活动旧址

真庆堂——长安地下党活动旧址位于化州市良光镇长安、南良两村交界处。

◆真庆堂

抗日战争时期，张炎将军曾率部在真庆堂驻扎，宣传抗日。1944年起，共产党员彭廷玺、吴春瑞等到南良、长安等村庄开展革命活动。化县党组织领导人陈醒亚、唐彪、李郁、罗明也常到此指导工作。他们以真庆堂为活动据点，召开会议，布置任务，发动陈大芬、陈大真等数十人参加革命；吸收新党员，成立民兵队和地下游击小组、农会，成立地下交通联络站。

观音山——革命游击根据地遗址

观音山——革命游击根据地遗址位于化州市中垌、林尘、官桥三镇交界处。

◆观音洞

1944 年底，共产党员彭昌华在其家乡富联坡组建了一支 30 人的冬防队，并把队伍拉上观音山，建立观音山革命根据地。他们在山上进行政治学习和军事训练，并深入各村庄宣传革命，发动群众成立农会，实行减租减息，建立地下交通联络站，秘密传送情报。冬防队用地雷袭击了路过的日军，当场炸死日兵 3 人。1945 年 3 月，中共化县特派员陈醒亚在此活动，接收了彭昌华和王世坦领导的 60 多人的武装队伍，召集化北李传忠、董尚英等党员骨干研究，组织队伍攻打下塘乡公所和官桥乡公所，缴获大批枪支弹药，开仓分粮，并在罗江两岸设立税站，征收船税，镇压地方反动武装。

谢氏宗祠——山口坡地下党活动旧址

谢氏宗祠——山口坡地下党活动旧址位于化州市平定镇山口坡村。

◆谢氏宗祠牌楼

1944 年起，化县党组织派进步教师董绍裘、董绍箕到化州平定私立明新中学（谢氏宗祠）任教，以教师身份为掩护秘密开展革命活动。他们以谢氏宗祠为活动据点，与进步教师陈世华、陈平及进步青年谢中天一起，深入农村开展抗日宣传；与校内对立派展开激烈辩论，揭露国民党顽固派反动罪行；在山口坡村设立地下交通联络站；做好当地士绅子弟的团结教育工作，争取他们打开粮仓支援起义部队等。中共化县特派员陈醒亚多次到此了解情况，指导抗日工作。化廉人民抗日武装起义受挫后，化县党组织先后派李鸿、李锋、庞铁魂、王世坦、林天佳、李芳焜等到化北召集革命同志，发动群众，建立游击根据地。中共化吴中心县委书记李郁也常到此指导工作。他们经常秘密到明新中学进行革命活动，发展原明新中学学生黎胜林、陈唐、谢昌隆等参加游击小组。

沙陇村党支部及地下交通联络站遗址

沙陇村党支部及地下交通联络站遗址位于化州市长岐镇沙陇村。

◆沙陇革命遗址纪念碑

抗日战争和解放战争时期，党组织派共产党员李一鸣、李雨山、李植森、陈炯东、叶宗玙等十多人到沙陇村秘密开展革命活动，中共吴梅地区特派员黄明德、化吴工委书记陈醒亚、化吴中心县委书记罗明、李郁等也常到该村指导工作。他们在村中召开会议，举办民众夜校，宣传抗日；成立党支部，吸收李天和、李福、李福庭、李兴才等入党；发展李天和、陈梅初等数十人参加地下游击小组，秘密进行军事训练，并于1945年1月参加了黄明德、李一鸣领导的化廉边人民抗日武装起义，攻打南安乡公所；加强统战，取得了保长李文禧的支持；在李天和家建立化吴边区地下交通联络站，掩护了李一鸣、李植森、李郁、陈炯东、叶宗玙、李雅南等地下党负责人及游击队员；建立了村级政权，成立民兵、农会、妇女会等组织，实行减租减息，反“三征”、维护村中治安等。

三相堂——莞塘地下党活动旧址

三相堂——莞塘村地下党活动旧址位于化州市笪桥镇水塘村莞塘村民小组。

1944年党组织派叶秀森、彭匹厚、赖培坚等到莞塘等村活动，他们以三相堂为据点，秘密召开会议，深入各村庄组织发动进步青年和群众参加革命，吸收新党员。随后，在莞塘村成立农会，带领群众进行反抗地主、起耕夺佃，反“三征”等斗争，开展“二五”减租减息、退押、解放妇女等运动。南路党组织领导黄明德、李郁等和化县党组织领导陈醒亚、罗明、唐彪等经常到此地指导工作。

◆莞塘三相堂

旧大岭——黄槐抗日武装起义遗址

旧大岭——黄槐抗日武装起义遗址位于化州市下郭街道黄槐村西大岭。

1945 年 1 月，按照化（县）廉（江）人民抗日武装指挥部的指示，黄槐村党支部率黄槐村抗日游击小组、地下军、同心会、睇垌会等 100 多人，在该村附近的旧大岭举行抗日武装起义，成立李鸿大队和李应江中队，收缴了黄槐村公私枪支一批。随后，起义队伍与陈醒亚领导的部分红埇起义队伍及赖鸿维、陈炯东中队会合，宣布黄槐起义。起义队伍在化廉边人民抗日武装指挥部的统一领导下，由李郁率队警戒阻击化城援敌；李鸿、庞郁志率队攻打梅北乡公所，收缴枪械弹药一批，开仓分粮；赖鸿维、陈炯东带队打击官田村反动地主武装，缴获枪支一批；党员骨干带领队伍深入附近村庄开展革命宣传，动员青年参军参战等，起义取得很大胜利，震动了国民党顽固派。

◆黄槐旧大岭抗日武装起义遗址

红埇农场——化廉边抗日武装起义遗址

红埇农场——化廉边抗日武装起义旧址位于化州市笪桥镇山华村东南边。

◆红埇农场抗日武装起义遗址

1944 年底，化县党组织和武装队伍不断发展壮大。整个化（县）吴（川）廉（江）边区组织起来的农民地下军和游击小组，已有千人以上。根据抗日斗争需要，化县党组织决定把武装队伍编为 4 个大队，积极发动群众收集枪械，进行军事训练，准备武装起义。1945 年 1 月 9 日，中共化县特派员陈醒亚召集各路队伍到达红埇农场，宣布抗日武装起义，成立化廉边人民抗日武装起义指挥部，陈醒亚任总指挥。起义队伍有 700 多人，编为 6 个中队、1 个政工队和 1 个手枪队，分别由罗明、李鸿、陈炯东、赖鸿维、李郁、黄东明等负责。起义队伍打下良光、石东、出拔、梅北等乡公所，收缴枪支弹药、开仓分粮，宣布废除苛捐杂税，实行减租减息、解放婢女等政策，青年男女踊跃参军参战，队伍迅速发展壮大，震动了整个化廉边地区。起义队伍随后编入南路人民解放军，随军征战。后由于国民党顽固派和日伪军的镇压，为保存革命力量，起义队伍除一部分跟随大部队进行西征，剩下的在陈醒亚的率领下返回化廉边区继续坚持斗争。

栋背小学——栋背地下党活动遗址

栋背小学——栋背地下党活动遗址位于化州市中垌镇兰山办事处栋背村。

◆栋背小学校园内景

1946 年起，李鸿、王世坦等十多名共产党人和革命同志到栋背、山背、那平、王泥坎、秧地钳、大埚等村活动。他们以栋背小学为活动据点，召开会议，研究工作；举办民众夜校班，发动青年群众就读；发动钟永维、何玉余等一大批农民参加革命。1947 年春，在栋背小学成立了同心会、村民巡夜队、保田队和村级政权。

邓村地下交通联络站遗址

邓村地下交通联络站遗址位于化州市杨梅镇和平村邓村村民小组。

◆邓村地下交通联络站遗址

1945年3月，党组织派李植森、李文等驻邓村，吸收党员，发动群众参加革命，成立了化吴边区游击队地下交通联络站，随后成立村级政权，带领群众开展减租减息、反“三征”等斗争。南路党组织领导黄明德、李郁等以及化县革命骨干李一鸣、陈炯东、唐彪等20多人常在邓村活动。

东镇堂——赤沙地下交通联络站旧址

东镇堂——赤沙地下交通联络站旧址位于化州市杨梅镇泊头村赤沙村民小组。

◆赤沙东镇堂

1945年5月，中共党员李一鸣、李植森深入东镇堂周边泊头、增岭、赤沙等村发动群众，宣传抗日。在东镇堂建立地下交通联络站，一大批革命同志经常到此活动。1946年5月起，经李植森介绍先后吸收了梁振其、梁家胜、梁家盛、梁富成、李秀贵入党，成立党小组，李植森为组长。党小组发动群众成立农会，领导农民进行反“三征”和“二五”减租减息斗争，组建农民地下军，后来改编为游击队。1946年5月14日夜，李植森带领游击队30多人参加了攻克南安伪乡公所战斗，惩办了罪恶累累的国民党反动头目。1947年8月18日，李连声带领游击队参加了袭击五和敌人据点的战斗。

福岭庙——长湖地下交通联络站旧址

◆长湖福岭庙

福岭庙——长湖地下交通联络站旧址位于化州市中垌镇兰山办事处长湖村。

1945年秋起，李鸿、董尚英、王世坦、王乃珠、刘付勋、刘付锦、梁茂达、冯彩权等共产党员和革命同志到福岭、长湖、老屋场、上下胜堂、丰满等村庄开展革命活动。他们以福岭庙为据点，成立地下交通联络站，发展冯国才、冯绍计、刘付金周、何文其、廖龙文、钟德南、郑荣光、黄锦增、钟伟杰、何文就、刘付文、刘付干、刘华武、李文深等参加革命。1947年春，在福岭庙成立了同心会、地下军组织和村级政权。1947年夏，福岭地区成立武装游击中队，中队长王乃珠，副中队长冯国才。武装游击中队多次配合化北独立大队参加山底、丰满、平定牛头岭等战斗，活捉并处决了国民党高中乡队副罗如英和地头蛇冯绍英，打下了牛头岭粮仓，并开仓分粮。

斋公岭冼太庙——播扬地下交通联络站旧址

◆播扬斋公岭冼太庙

斋公岭冼太庙——播扬地下交通联络站旧址位于化州市播扬镇圩。

1945年10月起，共产党员李鸿、陈宪、蒋振志、黄克林、王世坦等到播扬开展革命活动。他们以斋公岭冼太庙为活动据点，召开会议，研究工作，深入播扬、江佩、平太、花心、文水、文龙、良山等村庄，发动群众，宣传革命；在斋公岭冼太庙建立地下交通联络站，发展壮大党的力量，建立党支部；发动林振彪、陈天文、陈良策、陈文模、黄政国等20多人参加地下游击小组，后组建文江乡游击中队，攻打文江乡公所，收缴地主武装和粮食，赈济贫民等。

崇真堂——博金地下交通联络站旧址

崇真堂——博金地下交通联络站旧址位于化州市东山街道博金村。

◆博金崇真堂

1945年冬，共产党员李植森、李益林等到博金、旧屋村开展革命工作，他们以博金崇真堂为活动据点，举办民众夜校班，串联发动群众，在学校建立同心会。1947年初，在崇真堂建立地下通讯联络站，黄卓然任站长，负责翻印革命文件、上级指示和传单，宣传革命道理；成立了党小组，黄卓然任组长；建立团支部，由黄卓然兼任团支部书记；积极开展统战工作，转化了保长黄驾欧，建立了“两面政权”。

滨江圩地下交通联络站遗址

滨江圩地下交通联络站遗址位于化州市杨梅镇滨江村滨江圩。

第一次国内革命战争时期，中共化县支部书记卢宝炫和共产党员朱光震等在滨江圩和梁素珍家建立活动据点，开展农民运动和发展党组织。“四一二”反革命政变后，国民党反动派大肆屠杀共产党人和农会骨干，梁素珍因与其弟梁志收藏枪械和掩护革命同志等被捕，后慷慨就义。

1945年起，党组织先后派李一鸣、李植森等十几个共产党员和革命同志到滨江圩开展活动。化县党组织领导人陈醒亚、李郁、罗明等常到此指导工作。他们在滨江圩黄永秀家建立地下交通联络站，发动群众，成立了滨江党小组；组建了滨江圩农会，建立村级人民政权，开展“二五”减租减息、反“三征”等斗争；收缴村中枪械，成立了滨江游击中队，征战化吴廉边，协助农会抗税征粮，截击敌运输船，枪击敌征税人员等；加强统战工作，争取了朱似锦、黄信堂、黄富华等进步人士，为游击队提供

◆滨江圩革命据点纪念亭及纪念碑

◆滨江圩革命据点遗址纪念碑

情报、枪支和粮食等。

禾化小学——禾化地下交通联络站旧址

禾化小学——禾化地下交通联络站旧址位于化州市河西街道禾化村。

◆禾化小学旧址

解放战争时期，李郁、邹贞业、李鸿、庞铁魂等一大批革命同志以禾化小学为活动据点，在禾化、丹山等村开展革命活动。他们深入各村组织群众谈心、上夜校，宣传革命道理和党的政策，揭露国民党假和谈真内战的罪行；建立地下交通联络站，成立党小组和地下游击小组，积极为革命筹款、筹粮、筹枪；加强统战工作，转化了副保长庞科进，建立了白皮红心的两面政权。1947 年春，禾化村成立农会和村级政权，农会带领广大群众，以乡的名义，公开张贴布告，解放婢女，实行“二五”减租减息和反“三征”。

那洪小学——那洪地下交通联络站遗址

那洪小学——那洪地下交通联络站遗址位于化州市中垌镇那洪村。

1945年起，共产党员董立华、梁登仕等到那洪小学任教，以教师身份为掩护，秘密开展革命活动。他们以该校为据点，举办民众夜校班和妇女识字班，宣传革命道理，发动龙亚五、龙标等30多人参加地下游击小组，建立地下交通联络站。李鸿、王世坦、庞铁魂、黄明、黄鹄、梁茂达、黄中汉等地下党领导人和游击队员经常在此活动。1947年春，举行了那洪武装起义，随后成立村级政权、农会，组织民兵队等，带领群众开展减租减息、反“三征”等斗争。

◆那洪小学正门

◆中垌那洪刑场遗址

水竹根地下党活动遗址

水竹根地下党活动遗址位于化州市播杨针镇大贵坡村水竹根村民小组。

1945年底起，党组织先后派共产党员黄克林、欧华清、黄进森、李文超、陶龙、王文周、林元等到大贵村一带村庄开展革命活动。他们深入各村庄发动群众，宣传革命道理。发动陈周奕、林治臣等20多人参加地下游击小组；

◆水竹根村革命遗址纪念碑

吸收林治臣、陈周奕加入党组织，成立大贵党小组；组织群众，成立农会，建立游击中队，进行军事训练，打击反动地主武装。1947 年春，游击中队打下国民党文江乡政府，成立文江乡人民解放政府。6 月，建立大贵村政权，开展减租减息、解放婢女，反“三征”等对敌斗争。

白石仙娘冼太庙——白石地下党活动旧址

白石仙娘冼太庙——白石地下党活动旧址位于化州市中垌镇兰山办事处白石村。

◆白石冼太庙

1945 年起，袁达雄（广西陆川县十四团团长）、巫德春（广西陆川县独立营营长）、李鸿、庞铁魂、王世坦、赖英群、邓兆喜、王乃珠、冯玉其、冯亚天、冯彩权、冯昌基、刘辉武、赖乃宏、江锦杨、冯绍继、冯国才、冯荣清、冯兆祥等在白石仙娘冼太庙住宿隐蔽，并以此为据点，发动白石、墩子头、长江岭、竹子垌、塘涵坡、仕正堂、园山垌、沙坎垌等村庄群众开展革命活动。1947 年春，白石一带村庄村民刘付亚义、郑乃德、郑绍新等 20 多人参加地下游击小组，秘密开展筹钱、筹粮、筹集枪支弹药等。1948 年春，该地区在冼太庙成立农会，领导群众开展减租减息斗争，并成立民兵队，监视地主行动，维护社会治安，捍卫农会政权等。

显善堂——车头地下党活动旧址

显善堂——车头地下党活动旧址位于河西街道樟村车头村民小组。

◆车头显善堂

解放战争时期，李郁、邹贞业、徐焕文、黄兆年等共产党员和游击队员到车头、低山等村庄开展革命活动。他们以显善堂为据点，宣传革命道理；在村中成立同心会、农会，开展减租减息，反“三征”；培养吸收了吴沛泽入党，参加塘良党支部；发展吴沛泽、吴沛周、吴沛海、吴沛益、吴大邦、吴大太、吴沛祥及低山村戴有新、戴亦光、戴裕光、颜积珍、颜康寿、戴有明等参加地下游击小组，参加陈锡运武工队。游击队袭击了国民党北安乡公所，枪杀了作恶多端的反动地主，支持农会开展工作，进行筹粮、筹款和筹枪；加强统战工作，转化了保长戴德厚。1947 年，车头、低山等村成立村级政权，在村政权领导下，村中革命群众冒着生命危险为地下党和游击队站岗放哨，送信带路，送衣送食，筹款筹粮。

金坑村祠堂——金坑地下党活动旧址

金坑村祠堂——金坑地下党活动旧址位于化州市中垌镇公居村金坑村民小组。

1946 年起，化县党组织派李鸿、庞铁魂等十多人到公居、金坑、银达、官塘、那哨、太平山、南合等村庄开展革命活动。他们以金坑村祠堂为活动据点宣传革命，发动了刘傅茂松、亚七等数十群众参加革命；成立农会，带领群众开展“二五”减租减息，没收地主浮财，反“三征”，解放婢女等；吸收刘傅茂松、亚七、永清、刘傅添、刘傅坤、刘傅元等加入中国共产党，成立了党小组；收集村中枪械，组织民兵队，多次配合区乡中队攻打国民党山底乡公所，参加白花战斗，打击反动地主武装等；开展统战工作，教育转化保长刘傅佑，建立了“白皮红心”两面政权。1947 年春，金坑、那哨、官塘等村建立了村级政权，各村群众在村政权的领导下，积极支持游击队，掩护革命同志，粉碎敌人“围剿”等。

◆金坑村祠堂

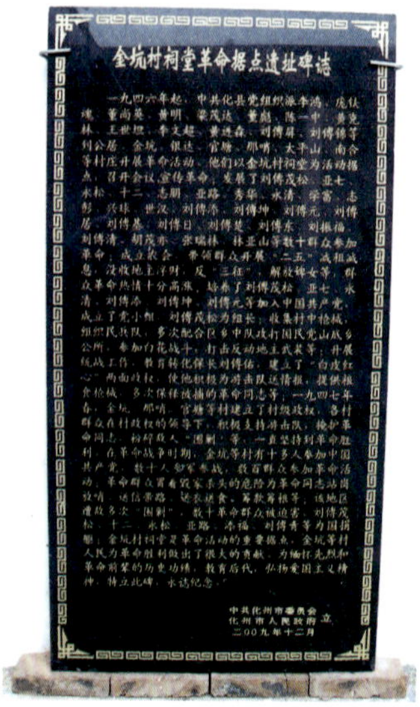

◆金坑村祠堂革命据点遗址纪念碑

三仙庙——米西地下党活动旧址

三仙庙——米西地下党活动旧址位于化州市杨梅镇米西村望岭头。

1946 年起，党组织派李一鸣、李植森、陈炯东等共产党员和游击队骨干到米西、杨梅、竹根园、和平、岸塘、那陀等村庄开展革命活动。他们以米西三仙庙作为活动据点，秘密召开会议，吸收党员，举办民众夜校，宣传革命道理；发了黄玉树、黄玉君、黄永海等数十人参加地下游击小组，发动群众捐献枪械 80 多支，子弹 20 多箱，粮食数百斤，组建了游击队；积极开展统战工作，争取了地方保长黄玉君等人的支持，获取了一批枪械和大量情报，保护了一批革命同志；设立了地下交通联络站。

◆三仙庙革命据点遗址碑纪念碑

◆米西三仙庙

五真堂——土瓜埇地下党活动旧址

五真堂——土瓜埇地下党活动旧址位于化州市石湾街道土瓜埇村。

1946 年起，中共化吴工委派彭昌华、叶启发、廖钦、陈皮等共产党员到石湾乡的土瓜埇、龙头埇、蛤 ×、官埇、园林、茂兰埇、旺景埇、旺埇埇儿等村庄开展革命活动。

中共化吴工委委员李郁也常到此指导工作。随后，他们以五真堂为活动据点，秘密召开会议，举办农民夜校，宣传革命道理；发动凌良德、陈子见等数十人参加地下游击小组，从中吸收凌良德、李元芳、余龙等入党；收集枪械弹药，组织游击队，镇压地主恶霸，多次攻打石湾乡公所，打击地方反动武装；设立秘密交通点，掩护和留宿路过的地下党负责人。

◆石湾五真堂（门口右侧为五真堂革命据点遗址纪念碑）

大塘村党支部遗址

大塘村党支部遗址位于化州市宝圩镇大塘村。

1946年起，化县党组织先后派共产党员陈宪、蒋振志、黄克林等到大塘村开展革命活动。他们以陈业华家为据点，举办民众夜校，培养吸收陈业华、陈业保、陈容和入党，成立党支部，陈宪任党支部书记，陈宪牺牲后由陈业华任支部书记；成立农会，开展“二五”减租减息，解放婢女，反“三征”等；组织地下游击小组，打击反动武装；建立了村级政权，积极为游击队站岗放哨，送情报，送衣送食，筹粮筹款等。1949年，中共茂名县委委员梁振初带领陈继光、陈精深等武工队员到大塘村活动，召集陈业华、陈用和、钟绍广、陈正汉等十多人组成地下游击队，编入粤桂边纵队第五支队十四营五连。在梁振初带领下，袭击了国民党刘栋才部，参加了粤桂边阻击战、解放宝圩等战斗。

上元堂——悦义地下党活动旧址

上元堂——悦义地下党活动旧址位于化州市同庆镇悦义村。

1946年起，化县党组织先后派李一鸣、李雨山、李雅南等到悦义一带村庄秘密开展革命活动。他们以上元堂为活动据点，发动悦义等十多条村庄群众读夜校，宣传革命道理。发动李振东、黄岳高、陈心诚等数十人参加革命；成立农会，开展减租减息，解放婢女，反“三征”等；收集枪械弹药，组织游击小组，打击反动地方武装；在横岗岭设立地下交通联络站，积极为游击队送信带路，站岗放哨，保护游击队员等。1947年，悦义等村庄成立村级政权，行政村长和农会长带领群众冒着毁家杀头的危险为游击队

◆悦义上元堂

送情报，站岗放哨，送衣送食，筹款筹粮，掩护地下党员、游击队员和抢救伤员等。

化县人民解放政府罗江税站遗址

化县人民解放政府罗江税站遗址位于化州市合江镇多竹化村罗江边。

1947 年春，化县人民解放政府副县长、化北办事处主任李鸿根据中共化（县）吴（川）

◆多竹化革命老区遗址

◆多竹化（罗江）税站革命遗址纪念碑

中心县委的指示，在合江成立税站，对过往罗江的各种船只征税。李鸿、庞铁魂、叶宜劲、王世坦、王乃天等领导多次到税站指导工作。税站在当地群众的支持和武工队的保护下，征得了大量财物，极大地解决了化吴廉地区武装队伍的经费供给，多次受到粤桂边区领导的表扬，为革命胜利作出了很大的贡献。

柑村外垌战场遗址

柑村外垌战场遗址化州市笪桥镇柑村。

1947年4月14日，中共南路特派员、粤桂边人民解放军司令员吴有恒率新编第1团、第4团，在柑村外垌一带与国民党保安第10总队长陈一林率领的两个大队、化（州）廉（江）地方反动武装共约700多人相遇。驻柑村的新一团乘敌长途行军疲劳和混乱之机，奋起进击，迅速抢占称句山高地与敌展开激战；驻外垌的新4团据守高山岭，并派出一连从右翼包抄，截住敌人退路，与新1团形成左右夹攻之势。敌人凭借精良武器和优势兵力，与新1团、新4团展开拉锯战。战斗从上午一直打到傍晚，新1团、新4团打得敌人丢盔抛甲，乘天黑弃尸逃跑。此役共毙伤敌大队长以下150余人，缴获掷弹筒2具、步枪10多支和军用地图等。柑村外垌之战的胜利，大大鼓舞了粤桂边区人民的革命斗志，拉开了大搞武装斗争的序幕，为夺取最后胜利奠定了坚实的基础。

攻打中垌乡公所战场旧址

攻打中垌乡公所战场旧址位于化州市中垌镇圩。

1947年3月，中共南路特派员、粤桂边人民解放军司令员吴有恒率新1团、新3团、新4团共1200多人从廉江大塘北上，拟打通勾漏山脉，建立化（州）、廉（江）、北（流）、陆（川）游击根据地。队伍经化县到广西的陆川、北流，沿途扫除敌乡政权。4月7日，北上部队到达中垌后，与化北武装队伍取得联系，随即攻打化县北部重要据点中垌乡公所。部队将中垌乡公所团团围住，集中火力猛攻，敌人支持不住，举起白旗投降。此战共缴获手提机枪2挺、驳壳枪5支、步枪36支、子弹2400多发、马2匹，开仓分粮1万余担。战后，吴有恒在中垌圩头的仙娘庙召开座谈会，布置安民告示、破仓分粮、发展队伍和进行建政建军等工作。随后，建立了化县人

◆中垌乡公所

民解放政府化北办事处；成立了下塘区、茂化边区、中垌区、新江区；各乡建立了政权，村成立农会等组织；组建了化北独立大队，化县北部革命处于高潮。

家宅埇伏击战遗址

家宅埇伏击战遗址位于化州市良光镇家宅埇村。

◆家宅埇战场遗址

1947年6月5日，驻在良光上下黎屋的粤桂边区人民解放军新四团接到可靠情报，国民党保十团一个营从水塘出发，经良光到平坦至塘辍一带扫荡。获悉情报后，新四团在团长罗明、政委唐多慧（唐彪）带领下，连夜赶到良光家宅埇村附近山岭布防伏击，当敌人到达新四团伏击圈时，新四团居高临下，猛烈向敌人开火，敌军被打得晕头转向，乱作一团。此役共毙伤敌军营长以下官兵50多人，后敌援兵赶到，新四团安全撤出战斗。当部队撤到雅道村东北方向的一个山头时，政委唐多慧被流弹打中，不幸牺牲。家宅埇伏击战运用灵活战术，狠狠地打击了敌人的嚣张气焰，保护了群众利益，鼓舞了士气。

白花岭战场遗址

白花岭战场遗址位于化州市平定镇西南方。

◆白花岭战场遗址

1947年4月，粤桂边区人民解放军司令员吴有恒率领新一团和新四团挺进化（县）北，以打通化北至信宜县云开大山之联系，建立勾漏山根据地。新一团和新四团在吴有恒率领下，取道廉江东，直插廉江县太平、廉化边境的山底地区。部队到达化（县）陆（川）边境后，准备从化县平定附近渡过罗江，深入北流、信宜边境山地。此时，国民党保安队和自卫队500余人在山底阻止新一团、新四团北进并展开激战，新一团、新四团共歼敌20多人。随后，新一团、新四团回师白塘休整，在白花岭与国民党广东省保安第十总队追兵遭遇，双方展开激战。初时新一团、新四团以优势兵力制敌于低洼地，准备一举围歼，但由于部分连队弹药消耗殆尽，无法消灭敌人，只好撤离阵地，但反而被敌军包围。新一团、新四团经苦战后突破重围，主动撤出战斗。此役共毙伤敌80多人，新一团、新四团牺牲8人、伤20多人。战后，由于国民党调来重兵前堵后追，新一团、新四团腹背受敌，只好停止北上，挥戈南下。白花岭一战，是粤桂边区人民解放军战略进军勾漏山中一次重大战斗，在一定程度上打击了国民党反动派的嚣张气焰。

乐贤山战场遗址

乐贤山战场遗址位于化州市林尘镇乐贤山村。

1947年底，国民党反动派调集重兵对化吴廉游击根据地进行大规模扫荡，化吴廉地区又笼罩在一片白色恐怖之中。为保存革命力量，中共化吴中心县委决定把武装队伍转到外线作战，离开化廉边，转到化北开辟新区。1948年2月，粤桂边区人民解放军第2支队新4团2营200多人在营长钟燕飞、教导员王怀勋的带领下，奉命第二次北上。在化北独立大队的配合下，队伍到达化北斑瓜、铁屎嶂一带。但由于敌人在化北扫荡不断升级，当地地下交通联络站已遭敌破坏，在没有当地群众的支持下，队伍处境十分艰难，只好南返。队伍到达山底地区时，营长钟燕飞因病留下就医，由王怀勋率领南撤。2月23日清晨，队伍到达林尘乐贤山村时，战士们早已疲惫不堪，此时遭

◆乐贤山战场遗址

◆乐贤山战场指挥部旧址

到跟踪而来的国民党保 10 团及李辉强、岑民生两个保警大队的围攻。王怀勋带领队伍边打边撤，但由于情况不明，敌众我寡，队伍全被冲散，王怀勋受伤被俘，化北独立大队队长庞铁魂在战斗中受重伤躲在破窑逃脱。全营除五连连长陈汉英率 39 人突出重围外，其余全部被打散或阵亡，损失惨重。王怀勋被俘后，宁死不屈，最后英勇就义。

七白堂——出拔地下交通联络站旧址

七白堂——出拔地下交通联络站旧址位于化州市良光镇出拔、塘贡两村交界处。

解放战争时期，化县党组织派共产党员庞铁魂、叶车养、叶琼森、叶启发、叶启元、宁超盛、宁英源、宁雄等到罗应埇、石井埇、素干等村庄开展革命活动。他们以七白堂为活动据点，秘密召开会议、设立地下交通联络站，举办民众夜校，宣传革命道理；发动李作新夫妇、李作文、黄寿等数十人参加地下游击小组；策划袭击出拔乡公所和白银坡堡楼等。化县党组织领导人陈醒亚、唐彪、罗明、李郁等先后到该地区指导工作。

◆七白堂

◆七白堂革命据点遗址纪念碑

七烈岩遗址

七烈岩遗址位于化州市平定镇天堂嶂石板坡。

1947 年底，国民党抽调 1000 多兵力对化北游击区落楼嶂进行“围剿”扫荡。化县人民解放政府化北办事处秘书兼南垌乡乡长陈亦晖获悉情报后，立即率驻扎在这里的化北办事处、修械所、医疗所的工作人员及伤病员共 60 多人转移。为使队伍安全脱险，游击队员刘付振、刘付黄凤、刘付伸、刘付亚金、黄纪华、罗福南、罗华兴等八人组成敢死队，同敌展开激战，吸引和牵制敌人全部兵力。战斗断断续续，一直从上午9时打到下午3时。在陷入敌人重重包围的情况下，8名游击队员潜伏在落楼颈的一个岩洞里，最后被敌发现。敌人把洞口团团围住，大声喊话，企图诱降游击队员，但从洞里传出的是“打倒国民党反动派”、“中国共产党万岁”、“誓死不投降”等口号。敌人见劝降不行，便调来重炮，也打不死游击队员，最后运来柴草堆在洞口燃烧，幸存的游击队员被敌人活活地闷死在洞里（8人中只有一名游击队员因年纪小，钻进洞中深处才幸免于难）。敌人还残忍地将游击队员割头示众。事后，脱险的化北办事处同志和当地群众怀着沉痛的心情埋葬了烈士的尸骨，并把七烈士用鲜血染红的落楼颈岩洞命名为“七烈岩”。

◆平定七烈岩革命烈士牺牲地遗址

◆平定积田水口革命烈士纪念碑

奇袭出拔乡公所战场旧址

奇袭出拔乡公所战场旧址位于化州市良光镇圩。

1947年春，在粤桂编区人民解放军新四团团长罗明、政委唐多慧的领导和指挥下，化县出拔区武工队经过庞铁魂和叶启发的周密部署和安排，准备奇袭驻有化县自卫队一个中队70多人的出拔乡公所。1月29日，部队以当天圩日人多为掩护，悄悄进入出拔圩边预定位置隐蔽起来，接应突袭的队员。武工队员钟燕飞、殷朝明、陈亦泮、翟林、黄华、郑康养、黄景祥、凌炳华等8人组成突击队，乔装成国民党兵，押着假装被捕的叶车养（崩牙仔）前来领赏，骗取敌人打开乡公所大门。敌人信以为真，就在

◆出拨乡公所

敌人刚刚开门时，突击队打死了敌分队长，迅速冲入乡公所，向敌人猛烈开火，打得敌人晕头转向，震动了整个出拔圩。此役共打死打伤敌官兵二三十人，缴获轻机一挺，枪弹一批。

斋堂坡小学——中共化吴中心县委会议旧址

斋堂坡小学——中共化吴中心县委会议旧址位于化州市良光镇斋堂坡村。

1949 年 11 月，化（州）吴（州）廉（江）梅（录）县先后解放，人民解放军基本

◆斋塘坡小学会议旧址

消灭了国民党白崇禧部队，解放海南岛战役即将打响。在这大好形势下，12月5日至7日，中共化吴中心县委在化县出拔地区斋堂坡小学召开中心县委最后一次会议。化吴中心县委领导李郁、杨子儒、陈炯东，粤桂南地委书记黄明德等领导参加会议。会议开了3天，讨论决定了当时的工作任务：第一要做好解放海南岛的支前工作；第二是接管建设新政权；第三是清匪稳定局势。同时要广泛宣传，认清形势，提高警惕，发动群众把工作搞好，完成各项工作任务。

百足岭、沙洲铺——粤桂边战役合江阻击战战场遗址

百足岭、沙洲铺——粤桂边战役合江阻击战战场遗址位于化州市合江镇圩附近。

◆百足岭

◆沙洲铺

为彻底消灭盘踞在粤桂两省的白崇禧集团和余汉谋集团的残余势力，1949年10月下旬，中国人民解放军第二野战军第四兵团飞奔钦廉，以切断桂军向海上逃跑之路。第四兵团十三军先头部队于10月底到达化州县城，解放化州，随后赶赴化北合江，在合江百足岭至沙洲铺一带构筑防御工事，严阵以待。11月25日，国民党白崇禧部主力张淦兵团开始向廉江、化县、茂名等地窜犯，企图夺路南逃海南岛。11月26日，张淦兵团第四十八军从化北平定一路窜至合江。在合江与等候多时的二野第四兵团第十三军相遇，双方在此展开了猛烈的激战，场面十分惨烈。敌人经过多次冲锋，被十三军死死地挡在合江圩北面，不能南进半步。敌人见攻不破十三军防线，遂向西从廉江方向逃跑。

宝岭——粤桂边战役宝圩阻击战战场遗址

宝岭——粤桂边战役宝圩阻击战战场遗址位于化州市宝圩镇圩东边。

1949 年 11 月，国民党白崇禧指挥所属的李本一部队一万多人，从广西北流向广东流窜，企图经宝圩、南塘、高州、水东港口逃往海南岛。当敌军到达将军塘岭和水玉堡岭时，沿路遭到宝圩游击队伍伏击，拖缓了行进速度。中国人民解放军第二野战军陈赓将军接到侦察情报，率领第四兵团日夜兼程从罗定、信宜方向赶到，在宝圩、南塘一带的宝岭和公岐岭筑起坚固的工事，准备消灭这股残敌。当敌军到达南塘伏击圈时，遭第四兵团猛烈炮火阻击，敌军纷纷向公岐岭逃窜，在公岐岭被解放军狠狠打击，无法继续前进，只好沿原路往宝圩方向逃窜，但又碰上宝岭解放军夹击，兵力大损，在宝圩境内约有 100 多名敌兵伤亡，剩余的残兵败将也逃回了广西老巢。此役解放军仅伤亡十多人，宝岭战役取得了全面胜利。

◆宝岭

◆宝岭阻击战烈士墓碑

天君堂——博带地下交通联络站旧址

天君堂——博带地下交通联络站旧址位于化州市石湾街道李山村博带村民小组。

抗日战争和解放战争时期，天君堂曾是地下交通联络站，游击队员陈皮、凌良德、余龙、陈子见、李远芳、苏森、黄胜养等经常在此联络接头。1947 年春，博带村成立农会和村级政权，农会和村级政权均在天君堂办公。1947 年 12 月 28 日晚，博带村游击队队长陈皮带领游击队员在天君堂召开秘密会议，部署攻打石湾伪乡公所。12 月 29

◆博带天君堂

日凌晨2点，游击队员冒着生命危险，奋勇攻打石湾伪乡公所。战斗持续了1个多小时，游击队顺利打下石湾伪乡公所，缴获了一大批武器和数担粮饷。

李卡故居

李卡故居位于化州市长岐镇双牌村。

李卡（1922—1949）原名李钧海，又名亦池、永乾，绰号“古怪李”，化州双牌村（今属长岐镇）人。李卡出生于知识分子之家，1939年考入梅录中学。1941年春，梅录中学当局对宣传抗日的师生进行残酷迫害，在党组织领导下，全校举行抗议学潮，李卡是这次运动的组织者之一。为了平息学潮，吴川县当局被迫撤换了该校校长，但将李卡等

◆李卡故居遗址

几位学生代表开除了学籍。1942 年，李卡考入粤北乳源县候公渡知用中学读高中，创办《播种》刊物，宣传抗日救国。1945 年，李卡考上广东国民大学新闻系。在校期间，李卡兼任广州《建国日报》记者，他用“李卡”、“徐雪”、“上下大夫”、“吼夫子”等笔名，无情地揭露、鞭挞国民党反动派。李卡家成了共产党地下联络点，大批地下党员和革命同志到此收藏，开展活动。不久，李卡由广州地下学联送往香港达德学院深造。1947 年夏，李卡加入中国共产党。组织将他派往乳源县粤赣先遣支队，他先后担任支队司令部参谋、曲（江）南游击大队武工队长，曲南区委会主任等职。1949 年 1 月 15 日，李卡在宝山村张屋不幸受伤被捕，当年 9 月 4 日英勇就义。

朱光震烈士墓

◆朱光震烈士墓

朱光震烈士墓位于化州市丽岗镇新绿坡村。

朱光震（1900—1928），字长民，化州丽岗镇新绿坡村人。他出生于中学教师家庭。1919 年，朱光震进入广东政法学校预科学习。1921 年，升入省立法科大学政治系就读。1923 年，参加“新学生社”，后加入中国社会主义青年团。不久加入中国共产党，并以个人身份参加改组后的国民党。1925 年 12 月，朱光震大学毕业后被派返化县，任化县教育局长，负责筹建国民党化县县部，后任党部常委兼组织部长。他与广东省农民协会特派员、共产党员卢宝炫一起，在合江、尖岗等地开展农民运动，组织成立乡农民协会。1926 年 11 月，化县农民协会成立，朱光震被选为常委。

朱光震筹资在化县创办第一所女子师范学校。同时深入到各中小学校，组织学生会，并主持召开了全县学生代表大会。还在县召开千人参加的市民、职工大会和船民大会，宣传孙中山的“联俄、联共、扶助农工”三大政策，发动广大群众参加革命斗争。1927 年“四一二”反革命政变后，化县国民党反动派悬赏 500 银元通缉朱光震，朱光震被迫转移到顺德从事革命活动。不久，由于被敌人追捕跌伤。1927 年 8 月 19 日，朱光震伤愈返家筹款，准备往广西进行革命活动时被敌人逮捕，在押回化州城途中，被杀害于凤口大砂炮。

唐彪烈士墓

唐彪烈士墓位于化州市良光镇雅度村。

◆唐彪烈士墓

唐彪（1918—1947），字多慧，湛江市东海岛调那村人。1939 年参加中国共产党，随后在廉江、遂溪一带活动。1946 年 5 月，任中共化（县）吴（川）特派员，在农村建立抗粮会、同心会、睇垌会、姐妹会、吊耕会等各种群众组织，同时恢复连队建制，打击地方反动派。1947 年 3 月，经上级批准，化吴武装编为粤桂边区人民解放军新编第四团，罗明任团长，唐彪任政治委员。4 月，中共化吴中心县委成立，唐彪任书记兼新四团政治委员。在化吴中心县委的领导下，化吴地区大搞武装斗争，摧毁了国民党化吴地区部分区、乡政权，建立了两县人民解放政府。化吴武装力量获得较大发展，除新四团外，又建立了粤桂边区人民解放军独立第一团以及一批区、乡中队，两县武装达 3000 多人。6 月 5 日，唐彪率新四团和独立一团约 300 多人，与国民党保安第十团 2 个营展开激战。由于敌人众多，装备好，唐彪马上命令部队撤出阵地。当部队安全撤到雅度村附近山头时，唐彪被流弹击中颈部牺牲，年仅 29 岁。

化州市革命烈士纪念碑

化州市革命烈士纪念碑位于化州市城区宝山公园内宝岭顶上，始建于 1964 年 10 月，重建于 1986 年 1 月。碑身为柱型，高 9 米，其中底座高 2 米，周长 12 米。碑周围为正方形小平台，设栏杆，其外是正方形大平台，四角分别设碑墩。碑身镌“革命烈士永垂不朽”八个大字，下部嵌《化州县革命烈士纪念碑文》。纪念碑四周绿树环绕，交通便利，是化州市广大群众、青少年缅怀革命烈士，弘扬革命传统的重要教育基地。

◆化州市革命烈士纪念碑

柑村革命烈士陵园

柑村革命烈士陵园位于化州市笪桥镇柑村西北隅山坡，建于1966年春，内有新四团团长叶宗屿、副团长叶车扬、中共化茂边区书记叶宜劲、中共吴东北区委委员叶致英（女）等19个革命烈士的墓碑。1981年1月，于烈士陵园增建革命烈士纪念碑一座。

◆柑村革命烈士纪念碑

新安镇革命烈士纪念碑

新安镇革命烈士纪念碑位于化州市新安圩西岭顶上，建于1988年10月。碑身为柱型，高6米，其中底座高2米，周长12米。碑身镌“革命烈士永垂不朽”八个大字，下部嵌《新安镇革命烈士纪念碑文》。

◆新安镇革命烈士纪念碑

石湾革命烈士纪念碑

石湾革命烈士纪念碑位于化州市石湾街道省道285线旁边的山岭上，建于1990年10月。碑身为柱型，高8米，其中底座高1米，周长18米。碑周围为正方形小平台，设栏杆，其外是正方形大平台，四角分别设碑墩。碑身镌“革命烈士永垂不朽”八个大字，下部嵌《石湾革命烈士纪念碑文》。

◆石湾革命烈士纪念碑

长岐镇革命烈士纪念碑

长岐镇革命烈士纪念碑位于化州市长岐镇西湾村委会，建于1992年10月。碑身为柱型，高6米，其中底座高3米。碑身镌“革命烈士永垂不朽”八个大字，下部嵌《长岐镇革命烈士纪念碑文》。

◆长岐镇革命烈士纪念碑

彭中英陵园

◆彭中英陵园

彭中英陵园位于化州市笪桥镇横岭村西大碑山。

彭中英(1891—1964)，化州市笪桥镇横岭村人，1891年12月28日出生于一个农民家庭。1911年，彭中英投身于辛亥革命，与彭瑞海等组织发动化州武装起义取得胜利，成立化县临时政府。1914年为响应孙中山的讨袁号召，彭中英与陈信材等组织武装队伍，进攻高州城，但遭失败。1918年6月彭中英考上广东省法政学堂。1921年8月，前往德国、法国留学。1923年4月被周恩来、陈延年等负责的中共巴黎旅欧支部吸收入党。6月，与朱德等转苏联学习军事。1926年7月，彭中英奉命回国，任广东农民自卫军总部主任。1927年8月，彭中英奉命任南路特委书记兼南路农民自卫军总指挥。1928年12月，南路特委机关因叛徒告密而遭破坏，彭中英从此失去了和党的联系。抗日战争爆发后，彭中英到武汉找周恩来恢复党籍，由于周已去重庆，恢复党籍未果，后受党组织的派遣返南路协助张炎将军开展抗日抗亡活动。抗战胜利后，彭中英去香港寻找党组织，并在香港加入了民盟。1949年5月，奉命回到粤桂边区纵队督导处任督导员。1949年底，回化县任支前司令。新中国成立后，先后任湛江市副市长、民盟湛江分部主委、省政府参事室参事等职。1964年6月病逝于广州。

李一鸣陵园

李一鸣陵园位于化州市长岐镇西湾村。

李一鸣（1925—1989），化州市长岐镇西湾村人。出身于书香门第，从小受到良好的家庭教育。在县立第一中学读书时，积极投身抗日救亡活动。1940年7月参加革命队伍，同年加入中国共产党。日本侵略军侵占雷州半岛后，他积极参加了吴、化、梅、茂地区抗日武装起义的组织准备工作。1945年1月，率部在化南举行抗日武装起义。先后担任南路人民抗日解放军第二支队的正副大队长、独立大队长、第四团连长兼指导员，中共化、吴县工委委员兼化、吴、茂边区区委书记。抗日战争胜利后，奉命参加东江纵队，北撤山东解放区学习，先后担任华东军区司令部参谋，两广纵队教导总队干部队指导员，炮兵队队长，炮兵营营长。新中国成立后，先后任中南军区两广纵队炮兵团副参谋长，珠江军分区独立炮兵营长，华南军区炮兵三十四团参谋长、副团长、团长，炮兵学院科研处处长，总参谋部情报部参谋，军政大学教研室副主任，军事学院研究部正师级研究员。1989 年 10 月，李一鸣病逝于湛江。

◆李一鸣陵园

中共化州县委、化州县人民政府在其家乡西湾村兴建李一鸣陵园，以纪念李一鸣作出的重要贡献。

荔枝埒革命烈士纪念碑

荔枝埒革命烈士纪念碑位于化州市林尘镇荔枝埒村茅车格村民小组后背岭南边，于 1993 年动工兴建。

◆荔枝埒革命烈士纪念碑及纪念亭

抗日战争和解放战争时期，化县党组织到荔枝埒一带开展革命活动，通过举办民众夜校班、妇女识字班等形式，宣传革命道理，先后培养吸收了王世坦、王乃天等 60 多人参加地下游击小组，组织了 30 多人的武装睇垌会，建立了地下交通联络站。1945 年 1 月，王世坦率领村中游击小组和革命群众 60 多人举行抗日武装起义，成立了王世坦中队，攻打下塘乡公所，活捉了乡长，缴获了一批武器弹药，开仓分粮。1947 年，荔枝埒成立了村政权，农会、妇女会、民兵等组织，带领群众开展减租减息，反“三征”，支持游击队活动。

荔枝埒地区的革命运动遭到国民党反动派疯狂镇压，他们出动大批军队对荔枝埒进行围剿、扫荡，大肆屠杀革命群众。1947 年 10 月，敌人把捉到的 11 名革命同志、群众、学生，押到荔枝埒的大荒坡用机枪进行屠杀。革命斗争时期，荔枝埒地区有 40 多游击战士壮烈牺牲，被敌人杀害的革命群众有 30 多人。

副　编

飞机坑——美国飞虎队坠机遗址

飞机坑——美国飞虎队坠机遗址位于高州市马贵镇大西村。

飞机坑，原名叫木窿坑，位于高州市马贵镇大西村海拔1627米的棉被顶山腰。抗日战争时期，美国“飞虎队”一架飞机在那里坠毁之后，当地人便将木窿坑改称为飞机坑。

◆飞虎队飞机坠落地点（大西“飞机坑”）

◆飞虎队飞行员疗伤处（大西练氏家祠）

1944年10月23日晚上约11时，一架在中国参加抗日战争的美国第14空队（飞虎队）B24式轰炸机因被敌人击中，由北往南飞过棉被顶时失去控制，坠毁于飞机坑。坠机时，有2名飞行员跳伞，其中1名生还，1名牺牲。生还的飞行员在山上安全着地，他用随身携带的匕首割断伞绳后，摸黑来到山脚下的切菜坪村，被村民所救。当天，马东乡乡长李广鹏及时向上级作了汇报，并亲自到三垌祠堂把飞行员领到马贵车头村关帝庙妥善安置。第三天，飞行员身体恢复后，马东乡政府安排陆显森、成学龙等 4 名身强力壮的村民用轿将飞行员送到合水区政府（当时马东乡属信宜县合水区管辖），再由合水区政府逐级上送。信宜县政府为这名飞行员举行了隆重的回城仪式，全城所有干部、职工、学生、群众都出来夹道欢迎。

后　记

茂名市位于广东省西南部，是中国南方重要的石化生产出口基地和广东省的能源基地。1959年5月9日，国务院决定设立茂名市，1975年改为省辖市，1983年7月实行市管县体制，辖信宜、高州、电白、化州4个县及茂南区。2001年1月22日，国务院批准设立茂港区，2014年4月，茂港区与电白县合并，改名为电白区。经过多次行政区划调整，茂名市现辖茂南区、电白区2个市辖区，代管信宜市、高州市、化州市3个县级市，并设置茂名滨海新区、茂名高新区、水东湾新城3个经济功能区。

茂名市是粤西著名的革命老区。第一次国内革命战争时期，朱也赤、卢宝炫、邵贞昌、罗克明等革命先驱积极发展茂名地区党组织，开展声势宏大的农民革命运动。第二次国内革命战争时期，彭中英、朱也赤、罗克明等南路特委、茂名地区党组织领导广泛发动党员和农民，举行怀乡起义、沙田暴动、化县五区暴动等武装斗争，有力打击了国民党反动统治。抗战时期，恢复重建的茂名地区党组织在周楠、梁嘉、温焯华等南路特委领导的率领下，支持爱国将领张炎的抗日斗争，积极开展抗日救亡和抗日武装起义。解放战争时期，中共茂电信化党组织积极开展对敌武装斗争，组建粤桂边纵队第五支队，配合南下大军一举解放了茂名、电白、信宜、化县四县。在一系列的革命运动中，茂名地区留下了许多可歌可泣的英雄故事，产生了严家祠、南皋学舍、益寿庵、化州孔庙等众多革命旧址，这是开展爱国主义教育和革命传统教育的优秀题材，是发展红色旅游的宝贵资源。

2010年4月，根据中共中央党史研究室、广东省委党史研究室的统一部署，茂名市委党史研究室及有关单位在全市范围内开展了大规模的革命遗址普查。市、县两级均成立了以党委分管领导为组长的革命遗址普查工作领导小组，抽调人员组成普查工作机构，落实普查工作经费，做好普查业务培训，并按照普查内容和时间范围，认真梳理出革命遗址清单。采取核查史料与现场考查相结合、组织座谈与重点访问相结合、现场登记与实地拍照相结合的办法，深入各遗址所在地进行实地调查、走访知情人、查阅资料、现场摄录和拍照。经过3年多的努力，全市基本完成了普查工作。

为进一步做好革命遗址普查成果整理汇编、公开出版发行工作，2013年9月，中共茂名市委调整了《广东省革命遗址通览·茂名市》编委会，由市委常委、组织部长陈小锋任主任，市委党史研究室主任朱雄文任副主任，市委党史研究室分管领导、有关科室负责人以及各区、县级市党史部门负责人为成员；同时设立《广东省革命遗址通览·茂名市》编辑部，朱雄文兼任主编，市党史研究室副主任罗有荣任副主编，市党史研究室有关科室人员担任编辑。

《广东省革命遗址通览·茂名市》编辑部成立后，对茂名市革命遗址普查成果进行了全面整理、严格核查，补充历史资料，增拍遗址照片，形成定稿后上报省委党史研究室审核。本书收录的革命遗址共有268个。全市革命遗址分布情况：茂南区15个，电白区55个，信宜市16个，高州市69个，化州市113个。

在革命遗址普查工作和本书编辑出版过程中，中共茂名市委、茂名市人民政府高度重视，市委领导肖叶、陈小锋关心和指导全市革命遗址普查工作；广东省委党史研究室及机关处室领导同志、省党史研究专家给予大力指导和热心帮助；各区、县级市党史部门、离退休老同志和社会各界热心人士给予了积极支持和配合；在全体党史部门同志的共同努力下，革命遗址普查工作和本书出版发行得以顺利完成。

全市参加革命遗址普查工作的各级领导和工作人员有：陈达遂、叶北胜、阮汉、张火炎、张万盛、黄武、余伟文、潘强、童以雄、何刘生、卢定强、宁雄、陈旺、曹宇梅、肖国杰、吴华彬、刘飞、梁世刚、汪椿涛、陈庆发、吴玉、李连梅、林郁华、吴兴旺、许赖尧、吴生、谢树银、李卫红、梁银珍、黎衍俊、李雄、梁爱农、罗兆区、李尧林、黄辉禄、区叔元、吴松柏、包汉志、倪妍花、唐广权、伍文春、王德兰、卢昆、陈智、曹金华、蔡娇、梁云、杨荣、沈杰、凌云鹏、韦燕球、罗勇、蔡伟雄、钱家飞、梁珑耀、李文辉、陈小娟、黄颖梅、许剑、陈春成、陈杰、余伟勇、梁亚寿、梁炬、黄静华、曾亚镇、曾继荣、赖乃宏等，在此，一并表示衷心的感谢。

由于年代久远，部分资料有所缺失，加之编者水平有限，疏漏和错误之处在所难免，敬请广大读者批评指正。

编者

2014年12月